Inhaltsverzeichnis

Kapitel 1: Einleitung

Leid ist eine emotionale Konstante, ein universelles menschliches Erlebnis, das unsere Geschichte und Gegenwart durchzieht, doch inmitten dieses düsteren Nebels verbirgt sich ein außergewöhnlicher Funke. Durch die Konstruktion der „Pazer-Theorie", benannt nach mir, Sora Pazer, kristallisiert sich eine innovative und essenzielle Annäherung an die Dynamik zwischen Leiden und Leidenschaft heraus, die mit einer erfrischenden Perspektive auf die Motoren menschlichen Erfolgs aufwartet.

In dieser Arbeit zeichne ich das Bild einer transformierenden Kraft, die aus den Tiefen persönlichen Leids erwachsen kann. Meine Theorie, die „Pazer-Theorie", ist mehr als eine kognitive Landkarte des Schmerzes; sie ist ein kompasshafter Leitfaden, der zeigt, wie man durch die dunklen Gänge des Leids navigiert und dabei eine kraftvolle, lebensverändernde Leidenschaft entfachen kann.

Die Betrachtung unseres derzeitigen globalen Kontexts, geprägt durch weitreichende Herausforderungen wie Pandemien, soziale Ungerechtigkeit, politische Turbulenzen und ökologische Krisen, impliziert eine zwingende Notwendigkeit für Ansätze und Strategien, die nicht nur die Bewältigung, sondern auch die Transformation von Leid fokussieren. Die „Pazer-Theorie" schlägt vor, Leid nicht bloß als unerwünschten emotionalen Nebeneffekt von Krisen zu betrachten, sondern als potenziellen Katalysator für Wachstum und Entwicklung.

1.2 Bedeutung und Relevanz von Leiderfahrungen

Leid ist nicht bloß ein passiver Zustand, sondern auch ein aktivierendes Moment, welches bestimmte emotionale und kognitive Prozesse auslösen kann (Frankl, 1946). Aus der Perspektive der Positiven Psychologie zeigt sich, dass das Erleben von Schmerz und Leid oft untrennbar mit persönlichem Wachstum und Entwicklung verknüpft ist (Seligman & Csikszentmihalyi, 2000). Die Auseinandersetzung mit erlebtem Leid, sei es physischer oder psychischer Natur, ist dabei nicht nur eine konfrontative

Erfahrung, sondern auch eine Möglichkeit, resiliente Mechanismen zu entwickeln und adäquate Bewältigungsstrategien zu kultivieren (Werner, 2005).

1.3 Zielsetzung und Struktur des Buches

Die vorliegende Publikation nimmt es sich zur Aufgabe, die theoretischen Grundlagen der Pazer-Theorie eingehend zu explorieren und dabei sowohl konzeptuelle als auch praxisrelevante Aspekte zu beleuchten. Unser Hauptanliegen ist es, nicht nur die strukturellen und funktionellen Aspekte des Leidens zu verstehen, sondern auch, Wege aufzuzeigen, wie Leid effektiv in Leidenschaft transformiert und somit als katalytisches Element für persönlichen und beruflichen Erfolg genutzt werden kann.

Die Struktur des Buches ist sowohl logisch als auch thematisch aufgebaut, wobei aufeinanderfolgende Kapitel sich sukzessive vertiefenden Aspekten der Theorie widmen. Nach diesem einführenden Kapitel werden die psychologischen Grundlagen von Leid und Leidenschaft (Kapitel 2), der Pazer-Mechanismus (Kapitel 3), sowie weitere konzeptionelle und praktische Anwendungen und Perspektiven der Pazer-Theorie (Kapitel 4-10) detailliert diskutiert.

Die Wichtigkeit, Leid nicht nur als destruktive, sondern auch als konstruktive Kraft zu begreifen, kann kaum überschätzt werden. Indem wir die dunkelsten Ecken der menschlichen Erfahrung nicht nur beleuchten, sondern auch verstehen, wie aus ihnen heraus kraftvolle Leidenschaft entstehen kann, verschaffen wir uns nicht nur einen tiefgreifenden Einblick in die menschliche Natur, sondern ermöglichen auch innovative Wege zur Kultivierung von Stärke, Resilienz und letztlich Erfolg.

Kapitel 2: Psychologische Grundlagen von Leid und Leidenschaft

Leid und Leidenschaft, scheinbar disparate menschliche Zustände, sind in Wirklichkeit durch unsichtbare, doch mächtige Fäden miteinander verwoben. In diesem Kapitel möchte ich die psychologischen Grundlagen, welche diese Elemente charakterisieren, detailliert untersuchen und dabei ihre subtilen Verbindungen, sowie ihre tragende Rolle innerhalb der von mir entwickelten „Pazer-Theorie" beleuchten.

2.1 Definitionen: Leid, Leidenschaft, und Erfolg

Leid lässt sich als eine multifaktorielle Erfahrung beschreiben, die sowohl psychologische als auch physische Dimensionen umfasst und durch Schmerz, Trauer, Verzweiflung und andere negative affektive Zustände charakterisiert ist (Nesse, 2005). Während Leid oft als etwas zutiefst Subjektives und Individuelles betrachtet wird, bietet es paradoxerweise eine universelle menschliche Erfahrung, die jeden, unabhängig von Kultur oder Lebensumständen, berührt. Neuere Forschungen haben gezeigt, dass Leid nicht nur ein emotionales, sondern auch ein soziales und neurobiologisches Phänomen ist. Die Neurobiologie des Leidens weist auf eine komplexe Interaktion von Neurotransmittern und Hirnregionen hin, die an der Verarbeitung von Schmerz und Emotionen beteiligt sind (Zubieta et al., 2003). Psychologisch gesehen, ist die Art und Weise, wie Individuen Leid verarbeiten, stark von ihrer Persönlichkeit, ihren Erfahrungen und ihrem kulturellen Hintergrund geprägt (Bonanno, 2004). Soziologische Studien betonen die Rolle von Gemeinschaft und sozialen Netzwerken bei der Bewältigung von Leid (Putnam, 2000). Basierend auf den Erkenntnissen der Forschung, sollten Interventionen in der psychischen Gesundheitsfürsorge stärker individualisiert werden, um den verschiedenen Aspekten des Leidens gerecht zu werden. Programme zur Stärkung sozialer Netzwerke und Gemeinschaften können ebenfalls effektiv sein, um das Leiden zu lindern (Cohen, 2004). In der Bildung könnten Strategien zur Entwicklung von Resilienz und Bewältigungsmechanismen integriert werden, um Kindern und Jugendlichen zu helfen, besser mit Leid umzugehen (Masten, 2001).

Leidenschaft, hingegen, wird oft mit positiven affektiven Zuständen wie Freude, Begeisterung und Zufriedenheit assoziiert (Vallerand et al., 2003). Sie gilt als eine intensive, zielgerichtete Emotion, die oft Handlungen und Verhaltensweisen antreibt, und kann sowohl konstruktive als auch destruktive Formen annehmen (Vallerand, 2010). Die Forschung zeigt, dass Leidenschaft sowohl positive als auch negative Auswirkungen haben kann. Konstruktive Leidenschaft führt zu erhöhtem Engagement, Kreativität und Zufriedenheit (Ho, 2014). Destruktive Leidenschaft hingegen kann zu Besessenheit, Burnout und negativen sozialen Konsequenzen führen (Fernet, 2013). Die Unterscheidung zwischen harmonischer und obsessiver Leidenschaft, wie von Vallerand (2010) vorgeschlagen, ist entscheidend für das Verständnis ihrer unterschiedlichen Auswirkungen. Um eine harmonische Leidenschaft zu fördern, sollten Bildungseinrichtungen und Arbeitsplätze Möglichkeiten zur Selbstentfaltung und zum Engagement in bedeutungsvollen Aktivitäten bieten. Gleichzeitig ist es wichtig, ein Bewusstsein für die Risiken der obsessiven Leidenschaft zu schaffen und Strategien zur Förderung eines ausgeglichenen Lebensstils zu entwickeln (Vallerand & Houlfort, 2019). Leidenschaft ist eine komplexe Emotion, die sowohl förderliche als auch schädliche Auswirkungen haben kann. Durch ein besseres Verständnis der Dualität der Leidenschaft können wir effektivere Strategien entwickeln, um ihre positiven Aspekte zu maximieren und ihre negativen zu minimieren.

Erfolg, ein vielschichtiger Begriff, verweist in der Regel auf das Erreichen gesteckter Ziele und kann sowohl externe (z. B. Anerkennung, finanzieller Gewinn) als auch interne (z. B. persönliche Zufriedenheit, Selbstverwirklichung) Aspekte beinhalten (Kaufman, 2018). Forschungen in den Bereichen Psychologie und Managementstudien haben gezeigt, dass Erfolg mehrdimensional ist und von individuellen Werten und kulturellen Normen beeinflusst wird (Locke & Latham, 2002). Externer Erfolg, oft gemessen durch materielle Gewinne oder soziale Anerkennung, wird in vielen Gesellschaften hoch bewertet. Interner Erfolg hingegen, der sich auf persönliche Errungenschaften und Zufriedenheit bezieht, gewinnt zunehmend an Bedeutung, insbesondere im Kontext der Selbstverwirklichung und des Wohlbefindens (Ryan & Deci, 2000). Bildungseinrichtungen und Unternehmen sollten Strategien entwickeln, die ein ganzheitliches Verständnis von Erfolg fördern. Dies beinhaltet die Anerkennung von persönlichen Fortschritten und internen Errungenschaften neben traditionellen externen Erfolgskriterien. Des Weiteren sollte in der Mitarbeiterführung und in der beruflichen Entwicklung mehr Wert auf Aspekte wie Arbeitszufriedenheit und persönliches Wachstum gelegt werden (Bakker & Demerouti, 2007). Erfolg ist ein vielschichtiger Begriff, der sowohl externe als auch intere Aspekte umfasst. Ein umfassendes Verständnis von Erfolg, das beide Dimensionen berücksichtigt, ist für das individuelle Wohlbefinden und die gesellschaftliche Entwicklung von Bedeutung.

Die Intersektionalität dieser drei Konzepte - Leid, Leidenschaft und Erfolg - kann sowohl antithetisch als auch symbiotisch betrachtet werden. Um die Tiefen dieser Beziehungen zu ergründen, ist es entscheidend, sowohl ihre individuellen Ausdrücke als auch ihre kollektiven Einflüsse zu verstehen.

Im Kontext von Leidenschaft und Erfolg gibt es verschiedene Meinungen darüber, inwiefern Leidenschaft zu Erfolg führen kann oder nicht. Einige Forscher behaupten, dass Leidenschaft ein entscheidender Treiber für Erfolg ist, da sie Individuen dazu motivieren kann, trotz Hindernissen und Schwierigkeiten hart zu arbeiten und ihre Ziele zu verfolgen (Duckworth et al., 2007). Andererseits argumentieren einige, dass nicht alle Formen von Leidenschaft gleich sind und dass eine obsessive Leidenschaft tatsächlich kontraproduktiv für den Erfolg sein kann, indem sie zu Burnout und Erschöpfung führt (Vallerand et al., 2007).

In einem Versuch, den Zusammenhang zwischen Leid und Leidenschaft zu entwirren, können wir die Transformation von Leid in einen katalytischen Agenten für Veränderungen und letztlich Erfolg in Erwägung ziehen. Während das Durchleben von Leid und Schmerz zutiefst destabilisierend und destruktiv sein kann, existieren Theorien und Narrative, die sich mit der Konzeptualisierung von Leid als einer transformative Erfahrung beschäftigen (Frankl, 1963). Viktor Frankl hat beispielsweise konzipiert, dass die Suche nach Bedeutung inmitten des Leidens eine mächtige Triebfeder für persönliche Entwicklung und Selbstaktualisierung sein kann.

Leidenschaft und Erfolg können, in einem alternativen Blickwinkel, auch durch eine Linse von Ethik und Moralität betrachtet werden. Zum Beispiel deuten einige Studien darauf hin, dass Leidenschaft, insbesondere wenn sie unreguliert und uneingeschränkt ist, zu unethischem Verhalten führen kann, insbesondere wenn das Ziel des Erfolgs dominierend wird (Keller & Pfattheicher, 2013). Diese Perspektive unterstreicht die Notwendigkeit einer balancierten und regulierten Leidenschaft, welche durch moralische und ethische Überlegungen gefiltert ist.

Der Zusammenhang zwischen diesen drei Konzepten, insbesondere im Kontext von individuellen und kollektiven Erfahrungen, bietet eine fruchtbare Arena für weitere Untersuchungen und Diskussionen. Untersuchungen könnten dazu beitragen, Licht auf die komplexen Wege zu werfen, wie Leid, Leidenschaft und Erfolg interagieren und sich gegenseitig beeinflussen, und könnten möglicherweise Strategien aufdecken, um sie in Weisen zu navigieren, die gesunde und konstruktive Outcomes fördern.

Es ist ebenfalls wichtig, dass künftige Forschungen kulturelle, sozioökonomische und individuelle Unterschiede in der Erfahrung und Definition dieser Konzepte berücksichtigen, um eine inklusive und umfassende Perspektive zu entwickeln. Die Integration von vielfältigen Perspektiven wird nicht nur das Verständnis dieser Konzepte vertiefen, sondern auch dazu beitragen, wie sie in verschiedenen Kontexten und Gemeinschaften erlebt, verstanden und artikuliert werden.

2.2 Psychologische und physiologische Mechanismen des Leids

Leid impliziert sowohl kognitive als auch emotionale und physiologische Prozesse. In psychologischer Hinsicht kann Leid mit Gedanken, Überzeugungen und Erinnerungen interagieren, die seiner Entstehung und Aufrechterhaltung dienen (Ehlers & Clark, 2000). Physiologisch korrespondiert Leid oft mit neuronalen Prozessen, die unter anderem Regionen wie den präfrontalen Cortex und die Amygdala involvieren (Ochsner & Gross, 2005).

Die Auseinandersetzung mit eigenem Leid kann zur Entwicklung von Resilienz und emotionaler Intelligenz führen, welche wiederum als Schlüsselkomponenten für den konstruktiven Umgang mit Schmerz und für den psychologischen Wachstum betrachtet werden (Southwick et al., 2014). Die neuesten Studien im Bereich der kognitiven Psychologie und Neurowissenschaften haben gezeigt, dass Leid durch eine komplexe Wechselwirkung zwischen kognitiven Bewertungen, emotionalen Reaktionen und physiologischen Prozessen charakterisiert ist. Diese Interaktionen können langfristige Auswirkungen auf das psychische Wohlbefinden einer Person haben (Kross et al., 2011). Die Forschung in der Resilienzpsychologie legt nahe, dass der Umgang mit Leid eine wichtige Rolle in der Entwicklung von Bewältigungsstrategien und emotionaler Intelligenz spielt (Masten, 2014). Therapeutische Ansätze sollten die kognitive, emotionale und physiologische Natur des Leids berücksichtigen. Programme zur Förderung von Resilienz und emotionaler Intelligenz könnten in Bildungseinrichtungen und am Arbeitsplatz implementiert werden, um Individuen besser auf Herausforderungen vorzubereiten und ihr psychologisches Wachstum zu fördern (Southwick et al., 2014). Leid ist ein multidimensionales Phänomen, das durch die Interaktion kognitiver, emotionaler und physiologischer Prozesse geprägt ist. Die Erforschung dieser Prozesse und die Entwicklung von Bewältigungsstrategien sind entscheidend für das Verständnis und den Umgang mit Leid.

Leidenschaft kann als Dualität betrachtet werden, in der harmonische und obsessive Formen existieren (Vallerand et al., 2003). Während harmonische Leidenschaft mit positiven Outcome wie erhöhter Zufriedenheit und besserer Leistung assoziiert ist, wird obsessive Leidenschaft oft mit Stress und Burnout in Verbindung gebracht (Vallerand, 2010).

Innerhalb der „Pazer-Theorie" postuliere ich, dass Leidenschaft, wenn sie aus dem bewussten und reflektierten Umgang mit Leid entsteht, eine potenziell harmonische Natur besitzt und als bedeutender Motor für persönlichen und professionellen Erfolg fungieren kann. Forschungen unterstützen die Idee, dass die Art und Weise, wie Leidenschaft entwickelt und erlebt wird, entscheidend für ihre Auswirkungen ist. Harmonische Leidenschaft scheint aus selbstbestimmten und authentischen Quellen zu stammen, während obsessive Leidenschaft durch externe Anreize und Zwänge getrieben wird (Deci & Ryan, 2000). Studien im Bereich der positiven Psychologie zeigen, dass die Transformation von Leid in konstruktive Energie zu persönlichem Wachstum und verbesserten Leistungen führen kann (Seligman & Csikszentmihalyi, 2000). Es ist wichtig, in Bildungs- und Berufsumgebungen Strategien zu entwickeln, die es Individuen ermöglichen, ihre Erfahrungen mit Leid in konstruktive Leidenschaft umzuwandeln. Dies kann durch

Programme zur Förderung von Selbstreflexion, Achtsamkeit und emotionaler Intelligenz erreicht werden. Unternehmen und Organisationen sollten eine Kultur fördern, die sowohl persönliche Entwicklung als auch professionelles Wachstum unterstützt.

In der Gesamtheit bilden die vorgestellten Konzepte und Erkenntnisse den Ausgangspunkt für die „Pazer-Theorie", welche in den nachfolgenden Kapiteln weiter entfaltet und diskutiert werden wird.

Die "Pazer-Theorie" veranschaulicht eine innovative Perspektive auf die Entstehung und Funktion von Leidenschaft, indem sie den Schmerz und das daraus resultierende Leid als möglichen Katalysator für dessen Entwicklung betrachtet. Unter Beachtung dessen, könnte das bewusste Durchleben von Leid und dessen konstruktive Verarbeitung zu einer Art von Leidenschaft führen, die, eingebettet in Resilienz und emotionale Intelligenz, sowohl nachhaltig als auch förderlich für individuelle und kollektive Prozesse ist.

Leidenschaft, insbesondere in ihrer harmonischen Form, ist potenziell fähig, Motivation, Kreativität und Produktivität zu steigern und kann, wenn sie aus einem reflektierten Umgang mit Leid hervorgeht, eine tief verankerte, authentische Basis haben (Deci & Ryan, 2000). Dies könnte erklären, warum bestimmte Individuen, die intensive Leiderfahrungen gemacht haben, in der Lage sind, außerordentliche Leistungen und tiefen Enthusiasmus in bestimmten Bereichen zu entwickeln. Die Rolle der intrinsischen Motivation und Selbstbestimmung wird hierbei besonders relevant, da diese Faktoren nicht nur die Qualität der Leidenschaft beeinflussen, sondern auch deren Auswirkungen auf das Wohlbefinden und die Leistung (Ryan & Deci, 2000). In der "Pazer-Theorie" könnte postuliert werden, dass der transformative Umgang mit Leid das Selbstverständnis und die Selbstwahrnehmung prägt und dadurch intrinsische Motivation und eine authentische, selbstkongruente Leidenschaft entstehen lässt.

Die "Pazer-Theorie" hebt hervor, wie der bewusste Umgang mit Leid und Schmerz zu einer positiven Transformation führen kann. Diese Theorie stimmt mit den Erkenntnissen der positiven Psychologie überein, die sich mit der Frage beschäftigt, wie Menschen trotz Widrigkeiten gedeihen können (Seligman & Csikszentmihalyi, 2000). Die Idee, dass Leidenschaft aus Leid entstehen kann, unterstreicht die Bedeutung der Resilienz und der Fähigkeit, Herausforderungen zu überwinden. Neurobiologische Studien unterstützen die Ansicht, dass die Verarbeitung von Schmerz und Leid zu Veränderungen in Gehirnstrukturen und -funktionen führen kann, die für emotionale Regulation und Motivation verantwortlich sind (Davidson & McEwen, 2012).

Dies könnte erklären, warum Personen, die Leid bewusst verarbeiten, eine stärkere und authentischere Form der Leidenschaft entwickeln. Allerdings birgt die "Pazer-Theorie" auch Herausforderungen. Sie setzt voraus, dass Individuen über die notwendigen Ressourcen und Fähigkeiten verfügen, um Leid konstruktiv zu verarbeiten. Dies kann nicht immer angenommen werden, besonders in Fällen von tiefgreifendem Trauma oder bei fehlender sozialer Unterstützung. Daher ist es wichtig, die Rolle von therapeutischer Unterstützung und sozialen Netzwerken in der Förderung der Fähigkeit zur Transformation von Leid in Leidenschaft zu betonen. Die "Pazer-Theorie" bietet einen wertvollen Rahmen für das Verständnis, wie Leid in eine konstruktive und harmonische Leidenschaft umgewandelt werden kann. Sie betont die Bedeutung von Resilienz, emotionaler Intelligenz und intrinsischer Motivation. Gleichzeitig weist sie darauf hin, dass der Prozess der Transformation von Leid in Leidenschaft individuell verschieden und von verschiedenen Faktoren abhängig ist. Die Theorie liefert somit wichtige Einblicke für die psychologische Forschung und Praxis und bietet Ansatzpunkte für weiterführende Studien und Interventionen.

2.4 Die Rolle des Leids in der Entwicklung von Expertise

Die Entwicklung von Expertise wird oft mit jahrelanger intensiver Übung und dedizierter Arbeit in Verbindung gebracht (Ericsson, Krampe, & Tesch-Römer, 1993). Jedoch wird die Rolle des emotionalen und psychologischen Leids in diesem Prozess seltener thematisiert. Innerhalb der "Pazer-Theorie" wäre es interessant zu erforschen, wie tiefgreifende Leiderfahrungen als Triebfeder für die Entwicklung von Fähigkeiten, Expertise und Meisterschaft fungieren können.

Es gibt Anzeichen dafür, dass Individuen, die erhebliches Leid erfahren haben, möglicherweise tiefere Einblicke und höhere Sensibilität für bestimmte Aspekte ihres Fachs oder ihrer Kunst entwickeln (Csikszentmihalyi, 1997). Die vertiefte Auseinandersetzung mit dem eigenen Innenleben, die oft durch Leiderfahrungen ausgelöst wird, könnte somit den Zugang zu höheren Ebenen der Kreativität und Innovation öffnen, die in der Entwicklung von Expertise und Meisterschaft unerlässlich sind. Csikszentmihalyi (1997) argumentiert, dass Individuen, die erhebliches Leid erfahren haben, möglicherweise eine tiefere Sensibilität und intensivere Einsichten in ihr Fachgebiet oder ihre Kunst entwickeln. Diese vertiefte Auseinandersetzung könnte den Zugang zu höheren Ebenen der Kreativität und Innovation erleichtern, die für die Entwicklung von Expertise unerlässlich sind. Jedoch ist es wichtig, die potenziellen Gefahren einer Überromantisierung von Leid zu berücksichtigen. Nicht alle Erfahrungen des Leids führen automatisch zu positiven Ergebnissen, und in einigen Fällen können sie ohne angemessene Unterstützung und Bewältigungsstrategien zu langfristigen negativen

Auswirkungen führen. Folgende mögliche praktische Handlungsempfehlungen können hieraus abgeleitet werden:

1. **Reflexionsförderung:** Bildungseinrichtungen und Arbeitsplätze sollten Räume für Reflexion und Austausch über persönliche Herausforderungen bieten. Dies könnte durch Workshops, Mentoring-Programme oder Diskussionsgruppen geschehen.

2. **Unterstützungssysteme:** Es ist wichtig, robuste Unterstützungssysteme für Individuen zu entwickeln, die mit Leid konfrontiert sind. Professionelle psychologische Betreuung und Peer-Support-Gruppen können wesentlich zur Verarbeitung und Transformation von Leid beitragen.

3. **Resilienz-Training:** Programme zur Förderung von Resilienz und emotionaler Intelligenz sollten in Bildungscurricula und berufliche Weiterbildung integriert werden, um Individuen in die Lage zu versetzen, Leid konstruktiv zu verarbeiten.

4. **Forschungsförderung:** Weiterführende Forschung zur Rolle von Leid in der Entwicklung von Expertise ist erforderlich. Dies könnte in Form von interdisziplinären Studien erfolgen, die psychologische, pädagogische und neurobiologische Perspektiven integrieren.

5. **Individuelle Betrachtungsweise:** Es ist wichtig, die individuelle Natur des Leids und seiner Verarbeitung zu

erkennen. Programme und Interventionen sollten auf die spezifischen Bedürfnisse und Hintergründe der Individuen zugeschnitten sein.

Im weiteren Verlauf sollte darauf eingegangen werden, wie genau Leid und Schmerz als möglicherweise fruchtbare Quelle für die Entwicklung von Expertise und Höchstleistungen dienen können. Hierbei wird es essenziell, Mechanismen und Prozesse zu identifizieren, die diesen Zusammenhang vermitteln, und dabei sowohl motivational-psychologische als auch neurowissenschaftliche Perspektiven zu berücksichtigen.

Kapitel 3: Der Pazer-Mechanismus

Inmitten der Vielschichtigkeit menschlicher Emotionen offenbart sich eine bemerkenswerte Kapazität zur Transformation – die Möglichkeit, Leid in einen kraftvollen Katalysator für Leidenschaft und letztlich Erfolg zu verwandeln. Im nachfolgenden Kapitel möchte ich diesen geheimnisvollen Alchemieprozess näher ergründen, indem ich den Pazer-Mechanismus darstelle, ein Konzept, das ich entwickelt habe, um diesen übergreifenden Wandlungsprozess zu verstehen und zu nutzen.

Der Pazer-Mechanismus stellt einen iterativen Prozess dar, in dem Leid nicht nur anerkannt und durchlebt, sondern aktiv als Instrument für persönliche Entwicklung und Zielverfolgung genutzt wird. Dieser Mechanismus besteht aus mehreren Schritten, die zusammengenommen die Transformation von Leid in Leidenschaft und letztlich in Erfolg ermöglichen.

Schritt 1: Anerkennung des Leids

Der erste Schritt im Pazer-Mechanismus ist zweifellos einer der grundlegendsten und doch oft unterschätzten Schritte auf dem Weg zur inneren Transformation. Dieser Schritt erfordert die Anerkennung des Leids. Doch was bedeutet das eigentlich?

Leid ist ein universeller Bestandteil des menschlichen Lebens. Jeder von uns erlebt in unterschiedlichem Maße Schwierigkeiten, Herausforderungen und schmerzhafte Momente im Laufe seines Lebens. Oft neigen wir dazu, diese negativen Gefühle zu unterdrücken, zu vermeiden oder zu ignorieren. Wir versuchen, sie zu verdrängen, weil sie unangenehm sind und uns in Unruhe versetzen. Doch genau hier setzt der erste Schritt im Pazer-Mechanismus an. Er ermutigt uns dazu, dieses Leid nicht zu verleugnen, sondern es als einen natürlichen und integralen Bestandteil des Lebens anzuerkennen. Tugade und Fredrickson (2004) betonen die Wichtigkeit, positive Emotionen in schwierigen Zeiten zu kultivieren, um Resilienz zu fördern. Die Anerkennung des Leids ist somit ein kritischer Schritt, um den Transformationsprozess zu initiieren. Warum ist diese Anerkennung des Leids so wichtig? Es gibt mehrere Gründe dafür. Erstens ermöglicht sie es uns, die emotionale Energie, die im Leid gebunden ist, freizusetzen. Wenn wir uns erlauben, unsere schmerzhaften Gefühle anzuerkennen und zu durchleben, können wir sie allmählich loslassen und transformieren. Dieser Prozess kann befreiend sein und uns dabei helfen, emotionalen Ballast abzuwerfen.

Zweitens ist die Anerkennung des Leids ein Schritt in Richtung Selbstakzeptanz. Oft neigen wir dazu, uns selbst zu verurteilen oder uns für unsere negativen Gefühle zu schämen. Doch wenn wir verstehen, dass Leid ein natürlicher Teil des Lebens ist, können wir uns selbst mit Mitgefühl und Verständnis begegnen. Wir erkennen, dass es keine Schuld oder Scham gibt, wenn wir leiden, sondern dass es ein menschliches Erlebnis ist, dem wir alle gegenüberstehen.

Drittens ermöglicht die Anerkennung des Leids einen wichtigen Schritt in Richtung persönlicher Entwicklung und

Resilienz. Barbara Fredrickson und Marcelo Tugade haben in ihrer Forschung betont, wie wichtig es ist, positive Emotionen auch in schwierigen Zeiten zu kultivieren. Dies trägt zur Förderung der Resilienz bei und hilft uns, widerstandsfähiger gegenüber den Herausforderungen des Lebens zu werden. Doch um positive Emotionen zu kultivieren, müssen wir zuerst die negativen akzeptieren und transformieren.

Insgesamt kann gesagt werden, dass die Anerkennung des Leids ein kritischer Schritt ist, um den Transformationsprozess in Gang zu setzen. Sie ermöglicht es uns, unsere emotionalen Blockaden zu lösen, unsere Selbstakzeptanz zu stärken und unsere Resilienz zu fördern. Es ist ein Schritt, der uns dabei hilft, die Dunkelheit in unserem Leben in Licht zu verwandeln und gestärkt aus schwierigen Zeiten hervorzugehen.

Schritt 2: Umleitung der emotionalen Energie

Der zweite Schritt im Pazer-Mechanismus ist von entscheidender Bedeutung, da er die Umleitung der emotionalen Energie in den Fokus rückt. Nachdem wir im ersten Schritt das Leid anerkannt haben, kommt nun die Frage auf, wie wir diese freigesetzte Energie bewusst nutzen können. Die Antwort liegt in der Entwicklung einer intensiven, aber harmonischen Leidenschaft.

Die Umleitung der emotionalen Energie erfolgt, indem wir das erlebte Leid als Ausgangspunkt und Treibstoff für die Verfolgung eines Ziels oder einer Vision verwenden. Dieser Schritt erfordert eine tiefgreifende Verbindung zu unseren innersten Gefühlen und Bedürfnissen. Es geht darum, das Leid nicht einfach nur zu ertragen oder zu überwinden, sondern es in eine konstruktive Bewegung umzuwandeln.

Der Gedanke hinter dieser Umleitung ist, dass das Leid, das wir erfahren haben, eine immense emotionale Kraft in uns freisetzt. Diese Kraft kann, wenn sie nicht gelenkt wird, destruktiv sein und uns in einem endlosen Kreislauf negativer Emotionen gefangen halten. Doch durch die bewusste Umleitung dieser Energie können wir sie in positive und produktive Bahnen lenken.

Ein Beispiel dafür könnte die Geschichte eines Menschen sein, der eine schwere Krankheit überstanden hat. Anstatt sich von der Krankheit besiegen zu lassen, kann diese Person die emotionale Energie, die sie während ihrer Genesung gesammelt hat, nutzen, um sich einer neuen Leidenschaft zu widmen, sei es in Form von gesundheitsbewusster Lebensführung, dem Engagement für andere Betroffene oder der Verfolgung eines lang gehegten Traums. Auf diese Weise wird das Leid zu einem Antrieb für positive Veränderungen.

Es ist wichtig zu betonen, dass die Umleitung der emotionalen Energie nicht bedeutet, das Leid zu leugnen oder zu verdrängen. Im Gegenteil, es geht darum, das Leid anzuerkennen und gleichzeitig die Fähigkeit zu entwickeln, es als eine Ressource zu nutzen. Dies erfordert oft Zeit, Selbstreflexion und eine tiefe Verbindung zu den eigenen inneren Werten und Zielen.

Die Umleitung der emotionalen Energie ist somit ein Schritt, der uns ermöglicht, aus dem Leid herauszutreten und eine positive Veränderung in unserem Leben anzustreben. Es ist ein Prozess, der uns dazu ermutigt, unsere inneren Ressourcen zu mobilisieren und unsere emotionalen Erfahrungen in eine Quelle der Stärke und Motivation zu verwandeln. Durch diesen Schritt können wir nicht nur unser eigenes Leben bereichern, sondern auch anderen Menschen als inspirierendes Beispiel dienen.

Schritt 3: Integration in persönliche Ziele und Visionen

Der dritte Schritt im Pazer-Mechanismus ist entscheidend für die persönliche Transformation. Nachdem wir im zweiten Schritt die emotionale Energie durch die Entwicklung einer intensiven Leidenschaft umgeleitet haben, geht es nun darum, diese Energie in konkrete Ziele und Visionen zu integrieren. Dieser Schritt verleiht unserer Transformation eine klare Richtung und einen Zweck.

Die Integration in persönliche Ziele und Visionen beginnt damit, die gewonnene Einsicht aus dem erlittenen Leid zu nutzen. Oftmals erlangen wir während schwieriger Zeiten ein tieferes Verständnis für uns selbst, unsere Werte und unsere Prioritäten im Leben. Diese Erkenntnisse sind wertvoll und dienen als Grundlage für die Festlegung unserer Ziele. Es ist wichtig zu betonen, dass die in diesem Schritt gesetzten Ziele nicht nur oberflächlich sein sollten. Sie sollten tief mit unseren innersten Überzeugungen und Werten verbunden sein. Dies ermöglicht eine tiefere Verbindung mit den Zielen und eine größere Ausdauer bei deren Verfolgung. Wenn unsere Ziele im Einklang mit unseren inneren Überzeugungen stehen, sind wir motivierter, Hindernisse zu überwinden und Rückschläge zu verkraften.

Ein Beispiel könnte sein, dass jemand, der durch eine schwere Krankheit gegangen ist, beschließt, sich beruflich in der Gesundheitsbranche zu engagieren, um anderen Betroffenen zu helfen. Die emotionale Energie aus dem erlebten Leid wird in die Verfolgung dieses Ziels integriert. Dieser Prozess verleiht der Person eine tiefere Bedeutung und einen Sinn in ihrem beruflichen Leben und fördert gleichzeitig die Heilung und den Wiederaufbau nach der Krankheit.

Die Integration in persönliche Ziele und Visionen geht über das bloße Setzen von Zielen hinaus. Es beinhaltet auch die Entwicklung eines Plans und die Umsetzung konkreter Schritte, um diese Ziele zu erreichen. Es erfordert Engagement, Disziplin und Ausdauer, da der Weg oft mit Herausforderungen und Rückschlägen gespickt ist. Doch die emotionale Energie, die aus dem Leid stammt, dient als Antrieb, um diese Hindernisse zu überwinden.

Insgesamt ist dieser Schritt ein wesentlicher Teil des Transformationsprozesses, der uns dabei hilft, das Beste aus unseren Erfahrungen mit Leid herauszuholen. Es ermöglicht uns, eine tiefere Verbindung mit unseren Zielen und Visionen herzustellen und die gewonnene emotionale Kraft in konstruktive und erfüllende Handlungen umzusetzen. Durch die Integration von Leid in unsere persönlichen Ziele können wir nicht nur unser eigenes Leben bereichern, sondern auch einen positiven Einfluss auf die Welt um uns herum ausüben.

Schritt 4: Nachhaltige Entwicklung und Erfolg

Der vierte und letzte Schritt im Pazer-Mechanismus ist von besonderer Bedeutung, da er letztendlich zu einer nachhaltigen Entwicklung und einem erfüllenden Erfolg führt. Dieser Schritt setzt auf den vorangegangenen Schritten auf und trägt dazu bei, die Transformation auf ein höheres Niveau zu heben. Durch die Verwendung von Leid als Katalysator für

Leidenschaft und das konsequente Streben nach Zielen entwickelt die Person eine Art von Expertise und Meisterschaft, die von Authentizität und Tiefe geprägt ist. Die Verwendung von Leid als Katalysator für Leidenschaft ist ein Schlüsselaspekt dieses Schrittes. Indem wir das durchlebte Leid nicht nur akzeptieren und umleiten, sondern es als Antrieb für unsere Leidenschaft nutzen, entfesseln wir eine enorme innere Energie. Diese Energie treibt uns an, unsere Ziele mit Entschlossenheit und Hingabe zu verfolgen. Sie gibt uns die Ausdauer, die wir benötigen, um Hindernisse zu überwinden und Rückschläge zu verkraften.

Die konsequente Verfolgung unserer Ziele führt zu einer Art von Expertise und Meisterschaft in dem Bereich, den wir gewählt haben. Dies geschieht, weil wir nicht nur oberflächliche Interessen verfolgen, sondern tief in das eintauchen, was uns wirklich antreibt. Diese Tiefe und Authentizität in unserem Streben führen dazu, dass wir uns in unserem gewählten Bereich von anderen abheben. Wir werden zu Experten, weil wir aus persönlicher Erfahrung sprechen und eine tiefgreifende Verbindung zu unserem Thema haben. Diese Art von Erfolg ist nachhaltiger und erfüllender als Erfolg, der nur oberflächlich oder durch äußere Anreize motiviert ist. Er basiert auf einer inneren Leidenschaft und einem tieferen Verständnis für das, was wir tun. Wir fühlen uns erfüllt und zufrieden, weil unser Erfolg aus einer tiefen, persönlichen Quelle stammt. Ein weiterer wichtiger Aspekt dieses Schrittes ist die Fähigkeit zur Selbstreflexion und zur Anpassung unserer Ziele und Visionen im Laufe der Zeit. Während wir uns entwickeln und wachsen, können sich unsere Prioritäten ändern, und es ist wichtig, dass wir flexibel genug sind, um unsere Ziele entsprechend anzupassen. Dies ermöglicht es uns, unseren Erfolg auf lange Sicht nachhaltig zu gestalten.

Insgesamt führt der Pazer-Mechanismus zu einer tiefen persönlichen Entwicklung und einem Erfolg, der nicht nur äußerlich sichtbar ist, sondern auch innerlich erfüllt. Er zeigt uns, wie wir das durchlebte Leid als einen wertvollen Lehrer nutzen können, der uns zu einer authentischeren und erfüllteren Version von uns selbst macht. Dieser Schritt ermutigt uns, in unserem Streben nach Erfolg und Erfüllung nie aufzuhören und unsere innere Leidenschaft als treibende Kraft zu nutzen.

3.2 Emotionale Resilienz und ihre Rolle im Umgang mit Leid

Emotionale Resilienz, als die Fähigkeit, sich nach belastenden Ereignissen zu regenerieren oder gar zu wachsen, spielt eine Schlüsselrolle innerhalb des Pazer-Mechanismus (Bonanno, 2004). Resiliente Individuen sind in der Lage, dem Leid ohne Vermeidung zu begegnen, es zu verarbeiten und in eine dynamische, vorwärtsgerichtete

Bewegung umzuwandeln. Diese Fähigkeit ist nicht nur angeboren, sondern kann durch bewusste Praxis und Entwicklung von Coping-Strategien gefördert werden (Richardson, 2002). Die Bedeutung von emotionaler Resilienz liegt darin, dass sie uns befähigt, die Herausforderungen des Lebens mit einer gewissen Gelassenheit und innerer Stärke anzugehen. Anstatt vor schwierigen Emotionen oder Ereignissen zu fliehen oder diese zu unterdrücken, können resiliente Menschen diese Emotionen akzeptieren und konstruktiv damit umgehen. Dies ermöglicht es ihnen, aus diesen Erfahrungen zu lernen und persönlich zu wachsen.

Es ist wichtig zu betonen, dass emotionale Resilienz nicht ausschließlich angeboren ist. Sie kann auch durch bewusste Praxis und die Entwicklung von Bewältigungsstrategien gefördert werden. Dies bedeutet, dass jeder Mensch die Möglichkeit hat, seine Resilienz zu stärken und besser mit schwierigen Situationen umzugehen.

Ein Ansatz zur Stärkung der emotionalen Resilienz ist die Entwicklung von Bewältigungsstrategien oder Coping-Mechanismen. Diese Strategien können dazu beitragen, mit stressigen oder traumatischen Erfahrungen umzugehen. Sie umfassen Techniken wie das Teilen von Emotionen mit anderen, das Üben von Achtsamkeit, das Erkennen und Verändern von negativen Denkmustern sowie die Suche nach sozialer Unterstützung. Durch die Anwendung dieser Strategien können Menschen lernen, mit ihren Emotionen und den Herausforderungen des Lebens auf gesunde und konstruktive Weise umzugehen.

Ein weiterer Aspekt der emotionalen Resilienz ist die Fähigkeit zur Selbstregulation. Dies beinhaltet die Fähigkeit, emotionale Reaktionen zu kontrollieren und zu modulieren, um angemessen auf Stress und Belastungen zu reagieren. Menschen mit hoher emotionaler Resilienz sind oft besser darin, ihre Emotionen zu regulieren und nicht von starken negativen Gefühlen überwältigt zu werden.

Der Pazer-Mechanismus selbst kann als eine Art Übung zur Förderung der emotionalen Resilienz angesehen werden. Indem er uns dazu ermutigt, das Leid anzuerkennen, es in Leidenschaft umzuwandeln, es in persönliche Ziele zu integrieren und nachhaltige Entwicklung und Erfolg zu erreichen, fördert er eine positive und konstruktive Art des Umgangs mit schweren Lebenserfahrungen.

Insgesamt ist die Förderung der emotionalen Resilienz von großer Bedeutung, da sie nicht nur dazu beiträgt, besser mit Leid umzugehen, sondern auch die Möglichkeit bietet, persönliches Wachstum und Erfolg in schwierigen Zeiten zu erleben. Durch bewusste Praxis und die Entwicklung von Coping-Strategien können wir unsere Resilienz stärken und uns selbst ermächtigen, die Herausforderungen des Lebens auf eine Weise zu meistern, die uns innerlich stärkt und bereichert.

3.3 Praktische Beispiele und Fallstudien

Betrachten wir beispielsweise Fallstudien von Individuen, die signifikantes Leid erlebten und es als Grundstein für bedeutende Errungenschaften und Innovationen verwendeten. Etwa von Künstlern, die ihre Schmerzen und Konflikte in ihre Werke integrieren, und dadurch nicht nur therapeutische, sondern auch kreative und revolutionäre Prozesse anstoßen (Stuckey & Nobel, 2010).

Auch im unternehmerischen Kontext gibt es zahlreiche Beispiele für Persönlichkeiten, die durch Krisen und Versagen gegangen sind und gerade aus diesen Erfahrungen die Motivation und Einsichten schöpften, um erfolgreiche Unternehmen und Produkte zu schaffen (Shepherd, 2003). Im unternehmerischen Kontext gibt es ebenfalls zahlreiche Beispiele für Persönlichkeiten, die durch Krisen und Misserfolge gegangen sind und aus diesen Erfahrungen die Motivation und Einsichten geschöpft haben, um erfolgreiche Unternehmen und Produkte zu schaffen. Ein herausragendes Beispiel ist Steve Jobs, der Mitbegründer von Apple. Jobs wurde in den 1980er Jahren von seinem eigenen Unternehmen verdrängt, doch er kehrte in den 1990er Jahren zurück und führte Apple zu einem der wertvollsten Technologieunternehmen der Welt. Seine Erfahrungen mit Rückschlägen und Entlassungen verliehen ihm eine einzigartige Perspektive auf die Unternehmensführung und das Design von Produkten, die die Art und Weise, wie wir Technologie nutzen, revolutionierten.

Die Diskussion und Analyse solcher Fallbeispiele verdeutlichen, wie der Pazer-Mechanismus in der Praxis angewendet werden kann. Diese Menschen haben das Leid nicht einfach nur ertragen oder überwunden, sondern es aktiv genutzt, um ihre Leidenschaft und Motivation zu entfachen. Sie haben ihre persönlichen Ziele und Visionen auf der Grundlage ihrer inneren Erfahrungen definiert und konsequent verfolgt. Dadurch haben sie nachhaltige Entwicklungen und Erfolge in ihren jeweiligen Bereichen erreicht.

Diese Fallstudien verdeutlichen, dass der Pazer-Mechanismus keine abstrakte Theorie ist, sondern eine tiefgreifende Methode, um persönliches Wachstum und Erfolg zu fördern. Sie zeigen, wie Menschen in der Lage sind, aus ihren Leiden herauszutreten und sie in eine Kraft für positive Veränderungen zu verwandeln. Dieses Verständnis kann uns alle inspirieren, die Hindernisse und Herausforderungen in unserem Leben als Chancen für Wachstum und Transformation zu sehen.

Die Diskussion und Analyse dieser Fallbeispiele bieten eine reiche Fundgrube, um die praktische Anwendung des Pazer-Mechanismus zu verstehen und zu demonstrieren.

3.4 Diskussion

Es ist unbestritten, dass der Pazer-Mechanismus in der Praxis sowohl Befürwortung als auch Skepsis hervorrufen kann. Die kritische Auseinandersetzung mit der Theorie und dem Mechanismus ist essenziell, um ihre Validität, Anwendbarkeit und Grenzen umfassend zu verstehen und zu kommunizieren.

Dieses Kapitel dient als Fundament, auf dem die nachfolgenden Kapitel aufbauen werden, um die Pazer-Theorie weiterhin aus verschiedenen Perspektiven zu explorieren, zu hinterfragen und zu verfeinern.

Kapitel 4: Leid als Motivationsquelle

Die Fähigkeit, tiefes, menschliches Leid in eine Quelle unbändiger Energie und Motivation zu verwandeln, ist ein Phänomen, das nicht nur Ehrfurcht, sondern auch eine facettenreiche Untersuchung erfordert. Innerhalb dieses Kapitels werden wir das Mysterium entschlüsseln, das Leid in einen solch potenten Katalysator für Motivation und letztendlich Erfolg umwandelt.

In der Psychologie werden zwei grundlegende Arten von Motivation unterschieden: die intrinsische und die extrinsische Motivation. Intrinsische Motivation bezieht sich auf Handlungen, die aus internen Gründen ausgeführt werden, wie Interesse oder Freude an der Aufgabe selbst (Deci & Ryan, 2000). Extrinsische Motivation dagegen entsteht durch äußere Faktoren, wie Belohnungen oder Strafen. Beide Arten der Motivation spielen eine fundamentale Rolle im Kontext des Leids und wie es uns vorantreiben kann.

Leid kann als potenter Initiator intrinsischer Motivation wirken, wenn es als ein interner Prozess wahrgenommen wird, bei dem das Individuum seinen Schmerz und Kummer in eine Antriebskraft zur Veränderung transformiert. Frankl (1963) illustriert dies eindrücklich mit seiner Logotherapie und seiner eigenen Erfahrung in Konzentrationslagern, wo trotz extremer Leiden eine Suche nach Bedeutung und Ziel im Leben ein mächtiger Überlebensmotor war. Hier kann Leid als innere Stimme agieren, die nach Veränderung, Wachstum und letztendlich nach Heilung ruft.

Kahneman und Tversky (1979) betonen in ihrer Prospect Theory, dass Menschen in der Regel Verluste stärker gewichten als Gewinne. Im Kontext von Leid könnte diese Überbetonung von Verlust oder Schmerz in bestimmten

Szenarien einen erheblichen Antrieb zur Veränderung oder zur Vermeidung weiteren Leids darstellen, was wiederum als eine intrinsische Motivation angesehen werden könnte. Wenn Leid als interner Prozess wahrgenommen wird, bei dem das Individuum seinen Schmerz und Kummer in eine Antriebskraft zur Veränderung transformiert, spricht man von intrinsischer Motivation. Dies bedeutet, dass das Leid selbst eine Quelle der Motivation sein kann, um etwas in seinem Leben zu verändern. Ein prominentes Beispiel hierfür ist Viktor E. Frankl, der Begründer der Logotherapie. Frankl erlebte die Grausamkeiten eines Konzentrationslagers im Zweiten Weltkrieg und trotz dieses extremen Leids suchte er nach Sinn und Bedeutung in seinem Leben. Diese innere Suche nach einem höheren Ziel und Sinn wurde zu einem mächtigen Überlebensmotor und trieb ihn an, selbst unter den schrecklichsten Bedingungen zu überleben. Frankl illustriert damit eindrücklich, wie Leid als innere Stimme fungieren kann, die nach Veränderung, Wachstum und letztendlich nach Heilung ruft. Die Prospect Theory von Kahneman und Tversky (1979) trägt ebenfalls zur Erklärung bei, wie Leid als Antrieb zur Veränderung dienen kann. Diese Theorie besagt, dass Menschen Verluste in der Regel stärker gewichten als Gewinne. Im Kontext von Leid bedeutet dies, dass die Angst vor weiterem Schmerz oder Verlust eine starke intrinsische Motivation zur Veränderung und zur Vermeidung weiteren Leids sein kann. Die Vorstellung, dass das Fortsetzen des aktuellen Zustands noch mehr Schmerz verursachen könnte, kann einen starken Anreiz bieten, um aktiv Schritte zur Verbesserung der Situation zu unternehmen. Es ist wichtig zu beachten, dass intrinsische Motivation nicht immer von Anfang an vorhanden sein muss. Manchmal kann das Leid selbst als Auslöser dienen, um diese innere Motivation zu wecken. Es kann ein Wendepunkt sein, an dem jemand erkennt, dass Veränderung notwendig ist, um weiteres Leid zu verhindern oder um eine tiefere Bedeutung im Leben zu finden.

Insgesamt verdeutlicht die Betrachtung von intrinsischer und extrinsischer Motivation im Kontext von Leid, wie komplex und facettenreich die Dynamik ist, die uns dazu antreibt, mit unseren Schwierigkeiten umzugehen und uns persönlich weiterzuentwickeln. Leid kann sowohl als Auslöser für intrinsische Motivation dienen, indem es die innere Suche nach Sinn und Veränderung anregt, als auch als Warnsignal für die Vermeidung von weiterem Schmerz, was wiederum als intrinsischer Antrieb betrachtet werden kann. Diese Erkenntnisse unterstreichen die Vielschichtigkeit der menschlichen Psyche und wie Leid als Motor für persönliches Wachstum und Transformation fungieren kann.

4.2 Leid und Extrinsische Motivation: Externaler Druck und seine Dynamik

In Bezug auf extrinsische Motivation wird Leid oft in einem Umfeld gesehen, in dem externe Faktoren das Verhalten steuern. Ein Beispiel hierfür könnte der Druck sein, der durch die Erwartungen der Gesellschaft oder durch das unmittelbare soziale Umfeld erzeugt wird, um Leid zu vermeiden (Leary & Baumeister, 2000). Hierbei könnten Menschen dazu motiviert werden, bestimmte Handlungen oder Verhaltensweisen zu zeigen, nicht aus einem inneren Wunsch heraus, sondern um Schmerz oder negativen Konsequenzen von außen zu entkommen.

Es gibt Bereiche, in denen intrinsische und extrinsische Motivation im Kontext von Leid interagieren und sich gegenseitig beeinflussen können. Das Konzept der introjizierten Regulation, ein Element der Selbstbestimmungstheorie (Deci & Ryan, 2000), spricht davon, dass Menschen interne Belohnungen und Strafen verwenden, um ihr Verhalten zu kontrollieren. In Szenarien des Leids könnte dies als ein Mechanismus gesehen werden, bei dem Menschen ihre Erfahrungen mit Schmerz und Leid in interne Regulierungen transformieren, die sowohl interne als auch externe Anreize zur Motivation bieten.

Leid kann auch als eine Katalysator für die Entwicklung von Bewältigungsstrategien und Resilienz dienen. Wenn Individuen mit Herausforderungen und schmerzhaften

Erfahrungen konfrontiert sind, entwickeln sie oft Mechanismen und Strategien, um mit diesen umzugehen und daran zu wachsen (Masten, 2001). Das Studium solcher Bewältigungsmechanismen und der daraus resultierenden Resilienz kann tiefere Einblicke in die Wechselbeziehung zwischen Leid und Motivation bieten und zeigt, wie Leid zu einer positiven psychologischen und persönlichen Entwicklung beitragen kann.

Unter Berücksichtigung der obigen Aspekte, sowohl im Rahmen intrinsischer als auch extrinsischer Motivation, sowie der entstehenden Bewältigungsstrategien und Resilienz als Reaktion auf Leid, bietet dieses Kapitel einen tiefen Einblick in die vielschichtige Natur von Leid als Quelle der Motivation. Zukünftige Forschungen könnten darauf abzielen, die dynamischen Prozesse, die sich aus dem Leid ergeben, weiter zu erforschen, und wie diese Prozesse in unterschiedlichen Kontexten und bei verschiedenen Individuen variiert werden können.

Es ist jedoch wichtig anzumerken, dass extrinsische Motivation nicht zwangsläufig negativ ist. In vielen Fällen können äußere Anreize wie Belohnungen oder Anerkennung positive Verhaltensänderungen bewirken. Zum Beispiel könnte jemand, der gesundheitliche Probleme hat, extrinsisch motiviert sein, regelmäßig Sport zu treiben, um gesundheitliche Komplikationen zu vermeiden. Obwohl die anfängliche Motivation extrinsisch sein mag, besteht die Möglichkeit, dass sich im Laufe der Zeit eine intrinsische Motivation entwickelt, wenn die Person Freude am Sport findet und die positiven Auswirkungen auf ihre Gesundheit spürt.

Es gibt auch Bereiche, in denen intrinsische und extrinsische Motivation im Kontext von Leid interagieren und sich gegenseitig beeinflussen können. Ein interessantes Konzept in diesem Zusammenhang ist die introjizierte Regulation, ein Element der Selbstbestimmungstheorie von Deci und Ryan (2000). Dieses Konzept besagt, dass Menschen interne Belohnungen und Strafen verwenden, um ihr Verhalten zu kontrollieren. Im Kontext von Leid könnte dies als ein Mechanismus gesehen werden, bei dem Menschen ihre Erfahrungen mit Schmerz und Leid in interne Regulierungen transformieren. Das bedeutet, dass sie sich selbst Anreize und Belohnungen bieten, um bestimmte Verhaltensweisen beizubehalten oder zu ändern, um mögliche negative Konsequenzen zu vermeiden. Dies zeigt, wie Leid nicht nur von äußeren Faktoren beeinflusst wird, sondern auch von inneren Prozessen der Selbstregulation und Motivation. Leid kann auch als Katalysator für die Entwicklung von Bewältigungsstrategien und Resilienz dienen. Wenn Individuen mit Herausforderungen und schmerzhaften

Erfahrungen konfrontiert sind, entwickeln sie oft Mechanismen und Strategien, um mit diesen umzugehen und daran zu wachsen (Masten, 2001). Diese Bewältigungsstrategien können intrinsische und extrinsische Elemente enthalten. Zum Beispiel könnte jemand, der einen schweren Verlust erlitten hat, intrinsisch motiviert sein, sich mit seiner Trauer auseinanderzusetzen und sie zu verarbeiten, während extrinsische Unterstützung durch Freunde und Familie eine wichtige Rolle spielt. Die Studie solcher Bewältigungsmechanismen und der daraus resultierenden Resilienz kann tiefere Einblicke in die Wechselbeziehung zwischen Leid und Motivation bieten. Sie zeigt, wie Leid zu einer positiven psychologischen und persönlichen Entwicklung beitragen kann. Menschen können aus schmerzhaften Erfahrungen lernen und diese nutzen, um widerstandsfähiger und stärker zu werden.

Insgesamt verdeutlicht die Betrachtung der verschiedenen Aspekte von intrinsischer und extrinsischer Motivation im Kontext von Leid sowie der Entwicklung von Bewältigungsstrategien und Resilienz die vielschichtige Natur von Leid als Quelle der Motivation. Zukünftige Forschungen könnten darauf abzielen, die dynamischen Prozesse, die sich aus dem Leid ergeben, weiter zu erforschen, und wie diese Prozesse in unterschiedlichen Kontexten und bei verschiedenen Individuen variieren können. Dies würde unser

Verständnis für die Bewältigung von Leid und die Förderung von persönlichem Wachstum und Widerstandsfähigkeit weiter vertiefen.

4.3 Anwendung der Pazer-Theorie auf bekannte Motivationstheorien

Die Pazer-Theorie kann als Erweiterung und Ergänzung zu existierenden Motivationstheorien gesehen werden. In der Selbstbestimmungstheorie etwa, wird argumentiert, dass intrinsische Motivation zu höherer Zufriedenheit und besserer Leistung führt (Deci & Ryan, 2000). Der Pazer-Mechanismus könnte hier als eine Methode betrachtet werden, die hilft, extrinsisch motivierte (also durch Leid erzeugte) Energie in eine intrinsische Form umzuwandeln, indem er einen persönlich bedeutsamen Weg zum Umgang mit dem Leid aufzeigt.

Im Kontext der Erwartungs-Wert-Theorie von Vroom (1964), welche besagt, dass Motivation eine Funktion der erwarteten Wahrscheinlichkeit ist, dass eine bestimmte Handlung zu einem bestimmten Ergebnis führt, würde der Pazer-Mechanismus möglicherweise als Instrument dienen, um diese Erwartungen positiv zu beeinflussen, indem das Leid als klare, treibende Kraft identifiziert wird.

4.3 Fallbeispiele: Erfolgreiche Persönlichkeiten und ihre Leidensgeschichten

Nehmen wir beispielsweise Oprah Winfrey, deren Geschichte des persönlichen Leids und Triumphs global bekannt ist. Ihr Leid, hervorgerufen durch Jahre des Missbrauchs und der Armut, wurde nicht als Barriere akzeptiert. Stattdessen wurde dieses Leid transmutiert, um eine fast unvergleichliche Karriere in den Medien zu fördern. Oder betrachten wir Viktor Frankl, einen Psychiater und Holocaust-Überlebenden, der seine grauenvollen Erfahrungen in Konzentrationslagern nutzte, um die Logotherapie zu entwickeln und unzähligen Menschen Hoffnung und Orientierung zu bieten (Frankl, 1946).

4.4 Diskussion

Obgleich der Pazer-Mechanismus überzeugende Anwendungsfälle und Theorien präsentiert, sind kritische Diskussionen und Weiterforschungen erforderlich, um die Tiefe und Breite seiner Anwendbarkeit und Effektivität in diversen Kontexten zu verstehen und zu maximieren. Ferner ist zu berücksichtigen, dass es Individuen gibt, für die das Erlebnis des Leids nicht unbedingt in einer positiven Transformation resultiert. Eine umfassende Analyse und Interpretation verschiedener Leidensgeschichten und biographischer Trajektorien ist daher unumgänglich, um eine ausgewogene, allumfassende Theorie zu formulieren.

Die vorangegangenen Segmente formen eine Einheit, die das Fundament für weitere Analyse und Diskussionen in den folgenden Kapiteln bildet. Der Weg des Leids, wenn konstruktiv kanalisiert, hat das Potenzial, zu einer tieferen, leidenschaftlichen Motivation zu führen, die das Individuum nicht nur emotional und psychologisch bereichert, sondern auch zu einem bedeutungsvollen, zweckgerichteten Handeln anspornt.

Kapitel 5: Werkzeuge und Strategien zur Kanalisierung von Leid

Die Schmiede, in der Leid in Leidenschaft transformiert wird, ist weder mystisch noch unerreichbar. Vielmehr ist es die Anwendung praktischer, psychologisch fundierter Werkzeuge und Strategien, die Individuen ermächtigt, ihre erlebten Schmerzen in eine konstruktive Energie umzuwandeln.

5.1 Selbstwirksamkeit und Selbstmanagement

Selbstwirksamkeit, ein Begriff eingeführt von Bandura (1977), bezieht sich auf den Glauben eines Individuums an seine Fähigkeit, bestimmte Aufgaben erfolgreich auszuführen oder Kontrolle über Ereignisse zu haben. Im Kontext des Leids ist ein starkes Selbstwirksamkeitsgefühl unentbehrlich, um den Schmerz nicht als unüberwindliches Hindernis zu erleben, sondern als eine Herausforderung, die gemeistert werden kann. Techniken des Selbstmanagements, darunter

Zielsetzung, Selbstbeobachtung und Selbstbelohnung, können dazu dienen, den Transformationsprozess von Leid zu Leidenschaft zu steuern und nachhaltig zu gestalten.

Die Praxis der Achtsamkeit ist ein weiteres Werkzeug, das eine wichtige Rolle bei der Transformation von Leid spielt. Kabat-Zinn (1994) definiert Achtsamkeit als „die Aufmerksamkeit, die entsteht, indem man absichtlich im gegenwärtigen Moment präsent ist und ohne Urteil wahrnimmt". Achtsamkeit ermöglicht es, Leid und Schmerz aus einer distanzierten Perspektive zu betrachten und damit eine Art emotionalen Abstand zu schaffen, der verhindert, dass das Individuum von negativen Emotionen überwältigt wird. In dieser Weise ermöglicht Achtsamkeit eine objektivere Betrachtung des eigenen Leids und ermöglicht es, proaktivere und gesündere Bewältigungsstrategien zu entwickeln.

Die kognitive Umstrukturierung, oft ein zentraler Bestandteil der kognitiven Verhaltenstherapie (Beck, 1979), ist eine Strategie, bei der Individuen lernen, dysfunktionale oder schädliche Gedankenmuster zu identifizieren und herauszufordern, um sie durch positive und konstruktive zu ersetzen. Im Rahmen von Leid ermöglicht die kognitive Umstrukturierung, dass Personen ihre Erfahrungen und ihre Reaktionen darauf neu bewerten und interpretieren, um aus einer passiven Rolle als Leidende in eine aktive Rolle als Gestalter ihres eigenen Lebens überzugehen.

Resilienz, oft als die Fähigkeit beschrieben, sich von Widrigkeiten zu erholen oder inmitten von Herausforderungen zu gedeihen (Masten, 2001), ist ein weiteres wichtiges Konzept im Kontext der Kanalisierung von Leid. Strategien zur Förderung der Resilienz können die Entwicklung eines unterstützenden sozialen Netzwerks, die Erarbeitung und Anwendung positiver Bewältigungsstrategien und die Förderung eines optimistischen Ausblicks beinhalten (Carver, 1998). Indem man lernt, Widrigkeiten zu überwinden und aus Herausforderungen zu lernen, kann Leid als eine Erfahrung integriert werden, die zum persönlichen Wachstum und zur Entwicklung beiträgt.

Die Kraft der Gemeinschaft und das Teilen von Leid können ebenfalls ein mächtiges Werkzeug sein, um Schmerz in konstruktive Bahnen zu lenken. Die Fähigkeit zur Empathie – das Vermögen, die Gefühle anderer zu verstehen und mit ihnen zu fühlen (Baron-Cohen & Wheelwright, 2004) – ermöglicht nicht nur den Aufbau von Unterstützungsnetzwerken, sondern auch das Verständnis, dass man mit seinen Erfahrungen nicht allein ist. Durch das Teilen von Leid in einem sicheren, unterstützenden Umfeld können Individuen Trost finden und gleichzeitig Strategien und

Einsichten gewinnen, wie andere mit ähnlichen Erfahrungen umgegangen sind.

Während das vorliegende Kapitel verschiedene Strategien und Werkzeuge hervorhebt, die zur Umwandlung von Leid in eine konstruktive und motivierende Kraft verwendet werden können, ist die Forschung auf diesem Gebiet weitreichend und komplex. Weiterführende Untersuchungen könnten in die Untersuchung verschiedener kultureller, sozialer und individueller Faktoren eingebunden werden, die die Anwendung und Wirksamkeit dieser Werkzeuge beeinflussen. Außerdem ist es entscheidend, ethische Überlegungen und die individuellen Grenzen jedes Ansatzes im Auge zu behalten, um eine verantwortungsvolle und unterstützende Anwendung in der Praxis zu gewährleisten.

5.2 Techniken zur emotionalen Regulation

Mindfulness: Das Praktizieren von Achtsamkeit – der bewusste, absichtliche Fokus auf den gegenwärtigen Moment, ohne ihn zu bewerten (Kabat-Zinn, 1994) – ermöglicht es, Schmerz ohne übermäßige Identifikation oder Verhaftung zu erleben und somit auch distanzierter zu verarbeiten. Die Praxis der Achtsamkeit, entwickelt von Jon Kabat-Zinn (1994), ist eine mächtige Technik, um Emotionen in Zeiten des Leids zu regulieren. Achtsamkeit bezieht sich auf den bewussten, absichtlichen Fokus auf den gegenwärtigen Moment, ohne diesen zu bewerten oder zu beurteilen. Durch das Entwickeln von Achtsamkeit lernen Menschen, ihre Emotionen und Gedanken ohne Urteil zu beobachten. Dies ermöglicht es, Schmerz und Leid ohne übermäßige Identifikation oder Verhaftung zu erleben. In der Praxis bedeutet dies, dass Menschen lernen, sich selbst und ihre Emotionen aus einer gewissen Distanz zu betrachten. Anstatt sich von negativen Emotionen überwältigen zu lassen, können sie diese beobachten, ohne sich in ihnen zu verlieren. Dies eröffnet die Möglichkeit, Emotionen auf eine gesunde Weise zu verarbeiten und ihnen weniger Macht über das eigene Wohlbefinden zu geben. Die Praxis der Achtsamkeit kann verschiedene Formen annehmen, darunter Atemübungen, Meditation, Yoga und das bewusste Wahrnehmen der Sinneswahrnehmungen. Durch die regelmäßige Anwendung von Achtsamkeitsübungen können Menschen ihre Fähigkeit zur emotionalen Regulation stärken und eine tiefere Verbindung zu ihrem inneren Selbst entwickeln.

Kognitive Umstrukturierung: Diese Technik aus der kognitiven Verhaltenstherapie (Beck, 1976) zielt darauf ab, dysfunktionale Gedanken zu identifizieren und in förderliche zu transformieren. Die bewusste Änderung von Denkmustern kann dazu beitragen, erlebtes Leid nicht als Ende, sondern als Anfang zu interpretieren. Die kognitive Umstrukturierung ist eine bewährte Technik aus der kognitiven Verhaltenstherapie, entwickelt von Aaron T. Beck (1976). Sie zielt darauf ab, dysfunktionale Gedanken zu identifizieren und diese in förderliche Gedanken umzuwandeln. Diese Technik basiert auf der Annahme, dass unsere Gedanken unsere Emotionen und Verhaltensweisen maßgeblich beeinflussen.

Im Kontext des Leids kann die kognitive Umstrukturierung dazu verwendet werden, um negative und destruktive Gedankenmuster zu erkennen und zu verändern. Anstatt das erlebte Leid als endgültig und hoffnungslos zu betrachten, kann die Person lernen, es als einen Anstoß für Veränderung und Wachstum zu interpretieren. Dies bedeutet, die Art und Weise, wie man über das Leid denkt, bewusst zu verändern und eine positive Perspektive zu entwickeln. Ein Beispiel könnte sein, dass jemand nach einem schweren Verlust denkt: "Mein Leben wird nie wieder dasselbe sein, ich werde niemals glücklich sein." Durch die kognitive Umstrukturierung kann diese Person lernen, ihre Gedanken zu hinterfragen und alternative Gedanken zu entwickeln, wie: "Obwohl dieser Verlust schmerzhaft ist, kann er mich dazu motivieren, mein Leben neu zu gestalten und nach neuen Möglichkeiten für Glück und Erfüllung zu suchen."

Die kognitive Umstrukturierung erfordert Übung und Bewusstsein, aber sie kann eine äußerst effektive Methode sein, um die emotionale Regulation zu verbessern und eine positive Verarbeitung von Leid zu fördern.

Positivität und Hoffnung können als Schutzschilde und Nährboden für die Umwandlung von Leid dienen. Seligman's Konzept der „Learned Optimism" (1991) verdeutlicht, wie das Erlernen eines optimistischen Explanationsstils, vor allem in Bezug auf negative Ereignisse, zur Resilienz beiträgt. Der Schutzfaktor Hoffnung (Snyder, 2002) bezieht sich auf die Erwartung, dass die Zukunft besser wird und dass man einen Einfluss darauf hat. Hierin finden sich klare Parallelen zur Pazer-Theorie und der Nutzung von Leid als katalytisierendes Element.

Die positive Psychologie hat sich auf die Erkundung dessen, was das Leben lebenswert macht, konzentriert und betont die Rolle von positiven Emotionen, Charakterstärken und Bedeutung im Leben (Seligman & Csikszentmihalyi, 2000). Innerhalb des Rahmens der positiven Psychologie können persönliche Stärken und Tugenden als Katalysatoren betrachtet werden, die das Individuum in die Lage versetzen, Leid konstruktiv zu navigieren. Peterson und Seligman (2004) identifizierten beispielsweise 24 charakteristische Stärken, wie Mut, Klugheit und Integrität, die, wenn bewusst angewendet, helfen können, Leid in positive Aktionen zu kanalisieren und individuelle sowie kollektive Wohlbefinden zu fördern.

Die Suche nach Bedeutung und Sinn im Kontext von Leid wurde als zentrales Element für die Entwicklung von Widerstandsfähigkeit und Wachstum nach traumatischen Erfahrungen identifiziert (Frankl, 1985). Indem Einzelpersonen eine narrative Konstruktion ihres Leids entwickeln und versuchen, eine Art von Bedeutung oder Zweck in ihrer Erfahrung zu finden, können sie eine proaktive Rolle in ihrem Heilungsprozess einnehmen und so eine Plattform für positive Transformation und Wachstum schaffen. In dieser Hinsicht wirkt die Konstruktion von Sinn als ein Mechanismus, der nicht nur hilft, das Erlebte zu integrieren, sondern auch neue Möglichkeiten für Selbstentwicklung und Veränderung eröffnet.

Der Begriff „posttraumatische Reifung" (Tedeschi & Calhoun, 2004) beschreibt positive psychologische Veränderungen als Reaktion auf Herausforderungen und Adversität. Es betont, wie Leid und Herausforderungen Möglichkeiten für persönliches Wachstum, gesteigerte emotionale Resilienz, verbesserte Beziehungen und eine veränderte Lebensperspektive schaffen können. Das Verständnis der Mechanismen, die der posttraumatischen Reifung zugrunde liegen, kann nicht nur dabei helfen, individuelle Reaktionsweisen auf Leid besser zu verstehen, sondern auch Unterstützungsstrategien und Interventionen zu entwickeln, die solche positiven Veränderungen fördern.

Verschiedene Kulturen bieten unterschiedliche Perspektiven und Werkzeuge im Umgang mit Leid. Zum Beispiel, in einigen östlichen Philosophien, wie dem Buddhismus, wird Leid als inhärenter Teil des Lebens betrachtet und der Weg zur Überwindung von Leid wird durch Praktiken wie Meditation und die Entwicklung von Mitgefühl erleichtert (Ricard, 2006). Kulturelle Praktiken, Überzeugungen und Narrative können somit wesentliche Rollen in der Art und Weise spielen, wie Menschen Leid erfahren und bewältigen, und bieten weitere Wege, um individuelle und kollektive Strategien zur Umwandlung von Leid zu entwickeln.

Resilienz, oft definiert als die Fähigkeit, sich von Widrigkeiten zu erholen oder in ihrer Präsenz zu gedeihen, nimmt einen signifikanten Platz im Diskurs um Leid und dessen Transmutation ein (Masten, 2001). Resiliente Individuen sind in der Lage, Schwierigkeiten und Schmerzen als Gelegenheiten zur Anpassung und Transformation zu betrachten, anstatt als unüberwindbare Barrieren. Resilienz-Strategien, wie eine positive Zukunftsperspektive, aktives Stressmanagement, und das Aufrechterhalten stabiler sozialer Netzwerke, können dazu beitragen, Leid in eine produktive, antriebssteigernde Energie zu verwandeln (Connor & Davidson, 2003).

Achtsamkeit und Akzeptanz sind zwei Aspekte, die sich als besonders effektiv in der Arbeit mit schmerzvollen und leidvollen Erfahrungen erwiesen haben (Kabat-Zinn, 1990). Durch die kultivierte Praxis der Achtsamkeit – das nicht-wertende Bewusstsein des gegenwärtigen Moments – können Individuen lernen, ihre Erfahrungen von Leid ohne übermäßige Identifikation oder Ablehnung zu beobachten. Akzeptanz- und Commitment-Therapie (ACT) beispielsweise, nutzt Achtsamkeit und werteorientiertes Handeln als Mittel, um Menschen dabei zu helfen, schmerzhafte Erfahrungen zu integrieren und konstruktive Schritte in Richtung eines erfüllten Lebens zu unternehmen (Hayes, Strosahl, & Wilson, 1999).

Soziale Unterstützung und der Einbau von Gemeinschaft können als wesentliche Faktoren in der Transformation von Leid betrachtet werden. Gemeinschaften bieten nicht nur eine Plattform für emotionale und praktische Unterstützung, sondern können auch als kulturelle Inkubatoren für Resilienz und posttraumatisches Wachstum fungieren (Hobfoll, Watson, Bell, Bryant, Brymer, Friedman, ... Ursano, 2007). Forschungsergebnisse unterstreichen die Rolle von Peer-Support und gemeindebasierten Interventionen bei der Förderung von Resilienz und Wohlbefinden unter Individuen, die Traumata und substantielles Leid erlebt haben.

Angesichts der theoretischen Grundlagen und empirischen Erkenntnisse ist es zentral, Praktiken und Interventionen zu entwickeln, die auf dem Verständnis der Mechanismen beruhen, durch die Leid in Energie, Motivation und letztendlich Erfolg umgewandelt werden kann. Es ist essentiell, individuell angepasste, kultursensible und evidenzbasierte Interventionen zu entwickeln, die darauf abzielen, die Fähigkeiten der Menschen zur Verarbeitung von Leid zu stärken und dabei ihre Selbstwirksamkeit, Resilienz und ihre Kapazität für posttraumatisches Wachstum zu fördern.

5.4 Diskussion

Indes jede dieser Techniken und Strategien ihre eigenen Meriten und Herausforderungen birgt, liefern sie gemeinsam eine Matrix, aus der ein effektives System zur Transformation von Leid geschmiedet werden kann. Kritische Stimmen könnten darauf hinweisen, dass der individuelle Charakter von Leid und Leidenschaft eine universelle Anwendung von Strategien erschwert und somit eine individuelle, maßgeschneiderte Herangehensweise favorisieren. Darüber hinaus ist die Forderung nach einer kontinuierlichen, empirischen Evaluierung dieser Strategien und ihrer Anwendung im Kontext der Pazer-Theorie unerlässlich, um deren Effektivität und Relevanz sicherzustellen.

Die Herausforderung, Leid in eine kraftvolle, positive Energie umzuwandeln, ist kein leichtes Unterfangen. Die vorgestellten Techniken und Werkzeuge bieten jedoch eine tragfähige Grundlage, um Menschen dabei zu unterstützen, ihre eigenen Leidensgeschichten nicht nur zu überwinden, sondern sie als Sprungbrett für persönliche Entfaltung und Erfolg zu nutzen.

Kapitel 6: Risiken und Grenzen der Pazer-Theorie

Die Pazer-Theorie, eine innovativ ambitionierte Methode, welche Leid als Katalysator zur Entwicklung von Leidenschaft und folglich Erfolg sieht, vermag es, eine paradigmatische Verschiebung im Umgang mit schmerzhaften Erfahrungen zu initiieren. Doch das Steuern des Sturms des Leids hin zu konstruktiven Ufern birgt ebenso bedeutsame Risiken und ethische Fragestellungen, die im folgenden Kapitel ergründet und kritisch beleuchtet werden.

6.1 Kritische Betrachtung: Wann ist Leid zu viel Leid?

Die Grenze, an welcher Leid von einem potentiellen Katalysator zu einer zerstörerischen Macht wird, ist verschwommen und individuell stark variabel. Zu viel Leid kann pathogene Auswirkungen haben, wie auch von Bessel van der Kolk (2014) im Kontext von Traumata exploriert wurde. Leid kann Lähmung, chronischen Stress, und eine

Vielzahl von psychopathologischen Zuständen hervorrufen, die weit entfernt sind von der Potenz zur konstruktiven Transformation (American Psychiatric Association, 2013).

Mit der Idee, Leid als einen katalytischen Wandler für Leidenschaft und Erfolg zu begreifen, ergeben sich unausweichlich ethische Fragestellungen. Die Sorge entsteht, dass Individuen möglicherweise dazu ermutigt werden, sich bewusst in leidvolle oder schädliche Situationen zu begeben, um Wachstum oder Erfolg zu erzielen. Es entsteht das Risiko der Romantisierung von Leid und Schmerz, was zu einem ungesunden Narrativ führen könnte, in dem persönliches Wachstum nur durch Schmerz und Kämpfe erreicht werden kann (Peters, Malesky, & Acher, 2019).

Des Weiteren ist zu beachten, dass das Bild, welches durch die Pazer-Theorie erzeugt wird, eine subtile Form der Viktimisierung und Pathologisierung von Leidenden mit sich bringen könnte. Ein übermäßiger Fokus auf die Transformation von Schmerz könnte dazu führen, dass Individuen, die Schwierigkeiten in diesem Prozess erleben, als „gescheitert" oder „schwach" betrachtet werden, wenn sie es nicht schaffen, ihr Leid „erfolgreich" zu transformieren. Diese Sichtweise gefährdet die Akzeptanz und das Verständnis für die vielfältigen Wege, auf denen Menschen mit ihrem Leid umgehen (Bloom, 1997).

Es besteht auch die Gefahr, dass die Betonung der individuellen Transformation von Leid die gesellschaftlichen und strukturellen Faktoren, die oft zur Entstehung von Leid beitragen, übersieht oder marginalisiert. Hierbei muss kritisch hinterfragt werden, inwiefern die Pazer-Theorie die Notwendigkeit zur Adressierung von systemischen Problemen und Ungerechtigkeiten anerkennt, die zu weit verbreitetem Leid führen (Crenshaw, 1991).

Die Breite und Tiefe des Leids, das Menschen erfahren, ist extrem heterogen. Daher ist es notwendig, die universelle Anwendbarkeit und Praktikabilität der Pazer-Theorie zu hinterfragen. Auch wenn einige durch Leid induzierte Energien positiv kanalisiert werden können, existieren eine Vielzahl von Fällen, in denen der Weg des Individuums durch Leid nicht linear ist und möglicherweise nicht in persönlichem oder professionellem Wachstum resultiert (Cicchetti, 2010).

6.2 Psychologische und ethische Bedenken im Umgang mit Leid

Das gezielte Navigieren durch die Ozeane des Leids birgt zahlreiche ethische Bedenken. Die Frage nach der Autonomie des Individuums, die Wahrung seiner Würde und seiner psychischen Integrität stellt sich. Denn, wie Antonovsky (1996) betont, kann nicht gewährleistet werden, dass der Prozess des „Sinnfindens" in Leid immer positiv konnotiert ist oder zu einer gesunden Transformation führt.

Die Anwendung der Pazer-Theorie birgt nicht nur das Risiko der Überforderung des Individuums durch die bewusste Auseinandersetzung mit seinem Leid, sondern auch das Entstehen einer möglichen Diskrepanz zwischen der Intensität des Leids und der Fähigkeit, selbiges zu transformieren. Ein Mangel an Resilienz, Selbstwirksamkeit oder entsprechenden Unterstützungsstrukturen kann den Prozess kontraproduktiv gestalten.

6.4 Diskussion

Die ethischen und psychologischen Betrachtungen, die Risiken und Grenzen der Pazer-Theorie aufzuzeigen, verdeutlichen die Notwendigkeit, Leid nicht in einer simplifizierten Schwarz-Weiß-Matrix zu betrachten. Leid ist komplex, multidimensional, und die Navigation durch dessen Tiefen erfordert eine sorgfältige, empathische und ethisch fundierte Herangehensweise. Die Pazer-Theorie mag ein Lichtstrahl in der Dunkelheit des Leids sein, doch sie darf nicht blind für die Klippen und Untiefen, die in diesen dunklen Gewässern lauern, machen.

Das stete Streben nach Integration von Leid und dessen Transformation zu einem Instrument der Entwicklung und des Erfolgs in der Pazer-Theorie findet in der umsichtigen, ethisch informierten Praxis seine unverzichtbare Begleitung. Dieses Kapitel beleuchtet deutlich, dass jeder Schritt, jedes Tool und jede Intervention, die im Kontext der Theorie Anwendung findet, stets durch eine kritische Reflexion und ethische Betrachtung begleitet werden muss, um nicht nur die Integrität der Theorie, sondern vor allem die Würde und Gesundheit der Individuen, die auf ihrer Reise des Leids begleitet werden, zu wahren.

Kapitel 7: Anwendungen der Pazer-Theorie in verschiedenen Lebensbereichen

Die Pazer-Theorie, eingebettet in eine kritische Analyse von Leid und seiner möglichen transformatorischen Rolle, hat in unterschiedlichen Lebensbereichen diverse Anwendungen. Die Instrumentalisierung von Leid als Mittel zur Leidenschaft und somit letztendlich als Wegbereiter zu einem fokussierten und erfüllten Leben beinhaltet eine ganze Bandbreite von Praxisfeldern. Dieses Kapitel beleuchtet die Verknüpfung der Theorie mit den Feldern Beruf und Karriere, persönlichen Beziehungen sowie der Selbstentwicklung und Selbstverwirklichung.

7.1 Beruf und Karriere

Die Karrierepfade sind oftmals mit Hürden und Herausforderungen gespickt, die in der Pazer-Theorie als

Ausgangsmaterial zur Förderung von Leidenschaft und letztendlich Erfolg interpretiert werden können. Burnout, Stress und berufliche Enttäuschungen - Ereignisse, die häufig im Arbeitskontext auftreten - werden nicht als unüberwindbare Barrieren betrachtet, sondern als Auslöser für reflektierte Analyse und Veränderung (Maslach & Leiter, 2016).

Hier wird das Leid genutzt, um die Berufung oder die intrinsische Motivation, die der Karriere zugrunde liegen kann, zu verstärken und somit nicht nur eine Karriere im herkömmlichen Sinne, sondern eine Berufung mit Tiefgang und innerer Verbundenheit zu verfolgen. Es könnte als Anlass dienen, Arbeitsstrukturen, Berufswege und persönliche Ziele zu reflektieren und potentiell zu modifizieren, um ein erfülltes Berufsleben zu gestalten.

Trotz der konstruktiven Perspektiven, die die Pazer-Theorie in Bezug auf berufliches Leid bietet, gibt es entscheidende Aspekte, die im Kontext der Arbeit und Karriere besonders relevant sind. Der Weg von der Konfrontation mit beruflichem Leid zu dessen erfolgreicher Transformation erfordert beispielsweise spezielle Kompetenzen und Ressourcen. Dazu gehören neben einer robusten psychischen Gesundheit, ebenso ein unterstützendes Umfeld und Mechanismen zur Bewältigung von Stress und Herausforderungen (Hobfoll, 1989).

Weiterhin ist es essenziell, den Diskurs um Leid in der beruflichen Laufbahn nicht zu glorifizieren oder zu idealisieren. Denn während einige Individuen unter bestimmten Voraussetzungen in der Lage sein mögen, negative Erfahrungen in Positives umzuwandeln, kann für andere das kontinuierliche Erleben von Stress und Misserfolg im Beruf zu ernsthaften psychischen und physischen Gesundheitsproblemen führen (Hakanen, Schaufeli, & Ahola, 2008). Somit wird deutlich, dass der Umgang mit Leid im beruflichen Kontext eine differenzierte, individuelle und sensible Herangehensweise erfordert, um sowohl die Potenziale als auch die Risiken und Grenzen der Anwendung der Pazer-Theorie zu erkennen und ethisch verantwortungsvoll zu navigieren.

In der Praxis könnte eine solche differenzierte Anwendung der Pazer-Theorie im beruflichen Kontext beispielsweise durch ein gezieltes Coaching oder berufliche Weiterbildungsangebote unterstützt werden, die darauf abzielen, Fähigkeiten zur Stressbewältigung, emotionalen Intelligenz und positiven Neuorientierung zu fördern (Grant, Curtayne, & Burton, 2009). Diese Maßnahmen könnten dazu beitragen, das Bewusstsein und die Kompetenzen von Individuen im Umgang mit beruflichem Leid zu schärfen und somit die positiven Aspekte der Pazer-Theorie zu nutzen, während gleichzeitig potentielle Risiken minimiert werden.

Es gilt weiterhin zu betonen, dass eine kritische Reflexion der Theorie und ihrer Anwendung in diversen beruflichen Kontexten notwendig ist, um eine ganzheitliche und integrative Perspektive zu gewährleisten, die sowohl die positiven Potenziale als auch die inhärenten Risiken und ethischen Herausforderungen angemessen berücksichtigt. Dies könnte insbesondere durch empirische Forschung und Fallstudien weiter vertieft werden, um so die Theorie in der Praxis kontinuierlich zu überprüfen und weiterzuentwickeln.

7.2 Persönliche Beziehungen

Leidenschaft, aus Leid geboren, kann in einem interpersonellen Kontext einen erheblichen Einfluss ausüben. Oftmals entstehen in persönlichen Beziehungen Konflikte und schmerzliche Momente, die eine Chance bieten, tiefergehende Empathie und Verständnis zu entwickeln (Gottman & Silver, 2015). Die Anwendung der Pazer-Theorie in diesem Bereich impliziert, dass das Erleben von Leid, ob durch Konflikte, Missverständnisse oder Verlust, zu einer Vertiefung der Beziehung und der Entwicklung von Fähigkeiten wie Empathie, Verständnis und Konfliktlösung führen kann.

Diese Beziehungsdynamiken, insbesondere die, die Leid und Leidenschaft miteinander verbinden, können aufgrund ihrer emotionalen Tiefe und ihres Potenzials für sowohl positive als auch negative Ergebnisse besonders komplex und nuanciert sein. Beispielsweise kann das Durchleben von schmerzhaften Erfahrungen gemeinsam als Paar oder Familie zu einer intensivierten Bindung und gemeinsamer Widerstandsfähigkeit führen (Walsh, 2003). Dies kann sich in einer gestärkten Beziehung manifestieren, die durch gemeinsam durchlebtes Leid an Tiefe und Verständnis gewonnen hat. Auf der anderen Seite kann es auch sein, dass ein übermäßiges Maß an Leid oder das Fehlen von Bewältigungsstrategien und unterstützenden Mechanismen zu einer erheblichen Belastung der Beziehung und der darin involvierten Individuen führt (Karney & Bradbury, 1995).

Um die Pazer-Theorie in den Kontext persönlicher Beziehungen zu integrieren, ist es also unerlässlich, die Doppeldeutigkeit von Leid anzuerkennen und Mechanismen zu erforschen und zu entwickeln, die es den Beteiligten ermöglichen, das Leid konstruktiv zu bearbeiten, ohne dabei übermäßig belastet oder traumatisiert zu werden. Dabei ist auch eine aktive Kommunikation von essenzieller Bedeutung, die als Instrument dienen kann, um Gedanken, Emotionen und Erwartungen, die mit dem erlebten Leid in Zusammenhang stehen, effektiv und empathisch auszudrücken und zu teilen (Scharfe, 2016).

Des Weiteren könnte die Pazer-Theorie im Bereich der persönlichen Beziehungen dazu dienen, Individuen und Paare zu ermutigen, aktiv und offen über ihre Leidenserfahrungen zu kommunizieren und kollektiv nach Wegen zu suchen, um diese Erfahrungen in einer Weise zu transformieren, die die Beziehung stärkt und vertieft. Hierbei könnten auch methodische Ansätze aus der Paar- und Familientherapie, wie etwa die Imago-Therapie (Hendrix & Hunt, 2005), eine Rolle spielen, indem sie Kommunikationstechniken und -strategien bereitstellen, die den Prozess der Transformation von Leid zu Leidenschaft in Beziehungen unterstützen und erleichtern.

Indes bleibt es wesentlich, dabei das Gleichgewicht zwischen der Erkundung und Transformation von Leid und dem Schutz der psychischen Gesundheit und des Wohlbefindens aller Beteiligten zu wahren. Die Herausforderung besteht darin, einen sicheren Raum zu schaffen, in dem Leid ausgedrückt, gehört und bearbeitet werden kann, ohne dass es zu einer übermäßigen emotionalen Belastung kommt. Daher sollte die Anwendung der Pazer-Theorie in diesem Kontext stets von einem achtsamen und unterstützenden Ansatz begleitet sein, der auf den individuellen und gemeinsamen Bedürfnissen und Grenzen der Beteiligten basiert.

7.3 Selbstentwicklung und Selbstverwirklichung

Selbstverwirklichung und persönliches Wachstum sind Prozesse, die häufig durch Perioden des Leids katalysiert werden (Rogers, 1961). In diesem Licht kann die Pazer-Theorie als eine Blaupause zur Kanalisierung persönlicher Leidensmomente in das Streben nach einer umfassenderen, authentischeren Selbstwerdung betrachtet werden.

Die Selbstentwicklung birgt die potentielle Gefahr der Selbstüberforderung und des Nicht-Annehmens der eigenen Schwächen und Grenzen, weshalb eine sorgfältige und reflektierte Anwendung der Pazer-Theorie essenziell ist. Leid kann hier ein Auslöser für die Reflexion über persönliche Werte, Ziele und den eigenen Lebensweg sein.

Die Konfrontation und Bearbeitung von Leid im Kontext der Selbstentwicklung und Selbstverwirklichung erfordert eine behutsame Annäherung, um sicherzustellen, dass der Prozess unterstützend und heilend ist, anstatt weiteres Leid hervorzubringen. Im Rahmen der Pazer-Theorie könnte es von zentraler Bedeutung sein, Strategien und Praktiken zu integrieren, die auf den Selbstschutz und die Selbstpflege ausgerichtet sind. Achtsamkeit, Selbstmitgefühl und eine bedächtige Selbstreflexion können hierbei als integrale Elemente fungieren, die dazu beitragen, einen gesunden Rahmen für die Entfaltung persönlicher Entwicklungsprozesse zu schaffen (Neff, 2003b; Kabat-Zinn, 1990).

Indem sich Individuen dem Leid bewusst zuwenden und es akzeptieren, können sie einen Raum für Transformation und Wachstum schaffen. Der Akt der Selbstakzeptanz, welcher auch die Akzeptanz von Leid und Unvollkommenheit beinhaltet, kann hierbei als wesentlicher Bestandteil des Prozesses betrachtet werden (Rogers, 1961). Dies beinhaltet die Fähigkeit, die eigenen Schwächen, Fehler und Leidenserfahrungen nicht als Hindernis, sondern als integralen Bestandteil des eigenen Selbst und des persönlichen Wachstumsprozesses zu sehen.

Die Praxis der Achtsamkeit könnte als ein konkreter Ansatz zur Umsetzung der Pazer-Theorie in der Selbstentwicklung fungieren. Achtsamkeit, definiert als das Bewusstsein, das entsteht, indem man absichtlich im gegenwärtigen Moment und ohne Urteil aufpasst (Kabat-Zinn, 1990), ermöglicht es den Individuen, mit ihren Leidenserfahrungen in einer nicht bewertenden, annehmenden Weise umzugehen. Durch die Einbindung achtsamer Praktiken können Menschen lernen, ihr Leid zu erkennen, zu akzeptieren und konstruktiv mit ihm umzugehen, wodurch ein heilsamer Rahmen für die Umwandlung von Leid in eine Quelle der Inspiration und des Wachstums geschaffen wird.

Gleichzeitig ist es wichtig zu betonen, dass der Prozess der Selbstentwicklung und Selbstverwirklichung individuell und nicht-linear ist. Die Erfahrungen und die Reaktionen auf Leid sind höchst subjektiv und können von verschiedenen Faktoren, einschließlich des sozialen, kulturellen und persönlichen Kontextes, beeinflusst werden (Maslow, 1962). Insofern sollte die Anwendung der Pazer-Theorie im Bereich der Selbstentwicklung stets mit einer tiefen Achtung und Anerkennung für die Einzigartigkeit des individuellen Erfahrungsweges einhergehen.

Die Pazer-Theorie könnte sich also als wertvolles Werkzeug erweisen, wenn es darum geht, Menschen dabei zu unterstützen, ihre Leidenserfahrungen in eine Kraft zur Selbstverwirklichung und Transformation umzuwandeln. Allerdings ist es von essentieller Bedeutung, dass dieser Prozess in einer unterstützenden, achtsamen und ethisch verantwortungsbewussten Weise gefördert wird, um das Wohlbefinden und die psychische Gesundheit der Individuen zu schützen und zu fördern.

7.4 Diskussion

Die Anwendungen der Pazer-Theorie sind in ihrer Vielfalt potent und bieten eine transformative Perspektive auf Leid in unterschiedlichen Lebensbereichen. Doch der ethische Rahmen und eine bewusste, empathische Praxis sind unabdingbar, um den Prozess der Leid-Transformation zu einem sicheren, gesunden und unterstützenden Unterfangen zu machen.

In allen Bereichen ist es notwendig, die Individualität jedes Leidensweges zu respektieren und anzuerkennen, dass die Anwendung der Pazer-Theorie nicht eine „Einheitslösung" darstellt, sondern flexibel und individuell adaptiert werden muss.

Kapitel 8: Praxisorientierter Ansatz zur Implementierung der Pazer-Theorie

Das Verständnis, dass Leid nicht nur eine Erfahrung der Schmerzhaftigkeit ist, sondern ebenso ein Katalysator für Wachstum und Entwicklung sein kann, bildet den zentralen Dreh- und Angelpunkt der Pazer-Theorie. Dieses Kapitel verfolgt das Ziel, praktische Wege zur Umsetzung dieses Konzepts zu skizzieren und damit nicht nur Einzelpersonen, sondern auch Praktikerinnen und Praktikern sowie Organisationen konkrete Tools an die Hand zu geben.

8.1 Konkrete Schritte und Aktionspläne für Individuen

Der erste Schritt im Umgang mit Leid ist, es anzuerkennen und ihm Raum zu geben. Hierbei spielen Selbstmitgefühl und Akzeptanz eine essentielle Rolle (Neff, 2011). Im zweiten Schritt soll das Leid in einem reflektierten Prozess analysiert werden, indem nicht nur dessen Ursachen, sondern auch dessen Auswirkungen auf die eigene Person und das eigene Handeln betrachtet werden. Das Entwickeln einer leidenschaftlichen Perspektive erfordert im dritten Schritt eine bewusste Auseinandersetzung mit den persönlichen Werten und Zielen (Deci & Ryan, 2000). Hieraus sollen konkrete Aktionspläne erstellt werden, welche die Umsetzung der neu gewonnenen Erkenntnisse im Alltag integrieren. Der Umgang mit Leid ist ein komplexer Prozess, der eine Reihe von Schritten erfordert, um eine gesunde Bewältigung und persönliches Wachstum zu fördern. Die folgenden Schritte bieten eine strukturierte Herangehensweise an den Umgang mit Leid:

1. **Anerkennung und Raum für Leid schaffen**: Der erste und vielleicht wichtigste Schritt im Umgang mit Leid ist die Anerkennung dessen, was man empfindet. Dies beinhaltet die Fähigkeit, sich selbst gegenüber ehrlich darüber zu sein, dass man Schmerz, Kummer oder Traurigkeit erlebt. Oft neigen Menschen dazu, ihre negativen Emotionen zu verdrängen oder zu unterdrücken, aber dies kann langfristig schädlich sein. Selbstmitgefühl und Akzeptanz, wie von Kristin Neff (2011) betont, sind entscheidend. Es ist wichtig, sich selbst zu erlauben, diese Emotionen zu fühlen, ohne sich dafür zu verurteilen. Das Schaffen eines sicheren

Raums, in dem man das Leid ohne Vorbehalte fühlen kann, ist ein erster Schritt zur emotionalen Heilung.

2. **Analyse und Reflexion**: Im zweiten Schritt geht es darum, das Leid in einem reflektierten Prozess zu analysieren. Dies beinhaltet nicht nur die Untersuchung der Ursachen des Leids, sondern auch die Betrachtung seiner Auswirkungen auf die eigene Person und das eigene Handeln. Es geht darum, tiefer zu verstehen, wie das Leid sich auf verschiedene Lebensbereiche auswirkt, wie es das Denken und Verhalten beeinflusst hat und welche Muster es möglicherweise ausgelöst hat. Dieser Schritt eröffnet die Möglichkeit, die eigene Reaktion auf das Leid besser zu verstehen und möglicherweise ungesunde Bewältigungsmechanismen zu identifizieren.

3. **Entwicklung einer leidenschaftlichen Perspektive**: Der dritte Schritt beinhaltet eine bewusste Auseinandersetzung mit den persönlichen Werten und Zielen. Die Frage lautet, wie das erlebte Leid in Einklang mit diesen Werten und Zielen gebracht werden kann. Dies kann bedeuten, dass man sich fragt, wie man das Leid als Treibstoff für Veränderung und Wachstum nutzen kann. Gemäß der Selbstbestimmungstheorie von Deci und Ryan (2000) ist es wichtig, eine intrinsische Motivation zu entwickeln, die von persönlichen Werten und

Überzeugungen geleitet wird. Dies kann dazu beitragen, eine leidenschaftliche Perspektive zu entwickeln, die die Motivation zur Veränderung und zur Umsetzung von Handlungsplänen fördert.

4. **Erstellung von Aktionsplänen**: Auf der Grundlage der im dritten Schritt gewonnenen Erkenntnisse ist es nun an der Zeit, konkrete Aktionspläne zu erstellen. Diese Aktionspläne sollten Schritte und Maßnahmen enthalten, um die neu gewonnenen Erkenntnisse und die leidenschaftliche Perspektive im Alltag zu integrieren. Es kann bedeuten, neue Gewohnheiten zu entwickeln, alte Muster zu durchbrechen oder aktiv nach Möglichkeiten zur persönlichen Entwicklung und zur Bewältigung des Leids zu suchen. Die Aktionspläne sollten realistisch und umsetzbar sein, und es ist wichtig, sich selbst Geduld und Mitgefühl entgegenzubringen, während man diese Schritte geht.

Die Umsetzung dieser Schritte erfordert Zeit, Selbstreflexion und die Bereitschaft, sich dem eigenen Leid auf eine gesunde und konstruktive Weise zu stellen. Es ist ein fortlaufender Prozess, der dazu beitragen kann, das Leid zu bewältigen, persönliches Wachstum zu fördern und eine tiefere Verbindung zu den eigenen Werten und Zielen herzustellen. Es ist wichtig zu erkennen, dass jeder Mensch einzigartig ist, und daher kann die Art und Weise, wie man mit Leid umgeht, von Person zu Person unterschiedlich sein. Trotzdem bieten diese Schritte eine strukturierte Herangehensweise, die als Leitfaden dienen kann, um das Leid auf gesunde und transformative Weise zu bewältigen.

8.2 Beratungs- und Coaching-Modelle für Praktiker

Für Berater und Coaches ist es von entscheidender Bedeutung, eine vertrauensvolle Basis mit den Klientinnen und Klienten zu schaffen, auf der offen über Erfahrungen des Leids gesprochen werden kann. Der praxisorientierte Ansatz integriert Elemente aus der positiven Psychologie (Seligman & Csikszentmihalyi, 2000), um Fähigkeiten und Stärken der Klienten zu fördern. Darüber hinaus könnte der Einsatz von methodenübergreifenden Techniken wie beispielsweise Ressourcenaktivierung, Lösungsfokussierung sowie Werte- und Zielklärung (Grawe, 2004) sinnvoll implementiert werden, um den Umgang mit Leid und die Förderung von Leidenschaft konstruktiv zu begleiten.

8.3 Integration der Pazer-Theorie in pädagogische und organisatorische Kontexte

In Bildungsinstitutionen und Unternehmen kann die Pazer-Theorie dazu dienen, eine Kultur des konstruktiven Umgangs mit Herausforderungen, Fehlern und Scheitern zu kultivieren. Es ist von Bedeutung, in diesen Kontexten einen sicheren Raum zu schaffen, in welchem individuelles und kollektives

Leid anerkannt und als Teil des Entwicklungsprozesses betrachtet wird.

Lehrkräfte und Führungskräfte spielen eine entscheidende Rolle in der Modellierung und Vermittlung dieser Kultur. Schulungen, die das Bewusstsein für die Pazer-Theorie schärfen und Kompetenzen im Umgang mit Leid sowie der Förderung von Leidenschaft vermitteln, sind von essentieller Bedeutung, um die Theorie effektiv in die Praxis zu integrieren.

8.4 Diskussion

Die Pazer-Theorie bietet einen vielversprechenden Ansatz zur bewussten Auseinandersetzung mit Leid und zur Förderung von Leidenschaft und ist damit in verschiedenen Lebensbereichen und -kontexten anwendbar. Es gilt zu betonen, dass die vorgestellten Ansätze und Modelle stets im Kontext individueller und kollektiver Gegebenheiten und Bedürfnisse zu sehen sind und adaptiert werden müssen. Es besteht die Notwendigkeit weiterer empirischer Forschung, um die Wirksamkeit und Anwendbarkeit der Pazer-Theorie in verschiedenen Feldern zu überprüfen und weiterzuentwickeln.

Kapitel 9: Kritik und Zukunftsaussichten der Pazer-Theorie

Die Pazer-Theorie, die einen leidenschaftlichen Umgang mit Leid propagiert, hat in verschiedenen Lebensbereichen bedeutsame Anwendungen gefunden. Doch jede Theorie, unabhängig von ihrer Reichweite und ihrem Einfluss, bedarf einer kritischen Reflexion, die ihre Stärken, Schwächen und Potenziale beleuchtet.

9.1 Kritische Reflexion der Pazer-Theorie

Trotz des innovativen und hoffnungsvollen Ansatzes der Pazer-Theorie gibt es kritische Stimmen, die auf mögliche Gefahren und ethische Bedenken hinweisen. So könnte etwa die Betonung von Leid als Katalysator für Leidenschaft und Wachstum das Risiko bergen, dass individuelle oder kollektive Leiderfahrungen romantisiert oder gar instrumentalisiert werden (Haidt, 2003). Ferner könnte das Bestreben, Leid in eine Form der positiven Entwicklung umzuwandeln, den Druck erhöhen, aus jeder schmerzhaften Erfahrung eine Lektion oder ein Wachstumserlebnis ableiten zu müssen, was zu einer zusätzlichen Belastung führen kann (Lomas, 2015). Es ist also von wesentlicher Bedeutung, ethische Grundsätze zu berücksichtigen und den Fokus auf das individuelle Wohlbefinden und die Selbstbestimmung der betroffenen Personen zu legen.

9.2 Weiterführende Forschungs- und Anwendungsmöglichkeiten

Die Pazer-Theorie bietet ein breites Spektrum an Anwendungsmöglichkeiten und bedarf weiterer empirischer Untersuchungen, die ihre Wirksamkeit und Relevanz in verschiedenen Kontexten validieren. Ein interessanter Forschungsbereich könnte beispielsweise die Exploration der Mechanismen sein, durch die Leid zu Leidenschaft führt, und wie diese Transformation durch verschiedene individuelle und kontextabhängige Faktoren beeinflusst wird (Frankl, 1984). Darüber hinaus wäre es sinnvoll, die Anwendbarkeit und Effektivität der Pazer-Theorie in diversen Feldern, wie der klinischen Psychologie, Organisationsentwicklung oder Bildung, weiter zu untersuchen und dabei verschiedene kulturelle, soziale und individuelle Variablen zu berücksichtigen.

9.3 Schlussfolgerungen und Ausblick auf zukünftige Entwicklungen

Trotz der vielversprechenden Ansätze und ersten Erfolge bleibt die Pazer-Theorie ein expandierendes Feld, das weiterer kritischer Evaluation und empirischer Untersuchung bedarf. Es ist von essentieller Bedeutung, einen balancierten Blickwinkel zu wahren, der die positiven Aspekte des Umgangs mit Leid betont, ohne dabei die Realität und Schwere des Erlebten zu negieren oder zu minimieren.

Die Zukunft der Pazer-Theorie könnte darin bestehen, einen integrativen Ansatz zu entwickeln, der nicht nur den individuellen, sondern auch den gesellschaftlichen Umgang mit Leid berücksichtigt. So könnten etwa soziale, politische und kulturelle Faktoren, die das Erleben von Leid beeinflussen und formen, stärker in den Fokus rücken und damit auch die gesellschaftliche Dimension von Leid und Leidenschaft beleuchten (Martela & Steger, 2016).

Literaturverzeichnis

American Psychiatric Association. (2013). Diagnostic and statistical manual of mental disorders (5th ed.). Arlington, VA: American Psychiatric Publishing.

Antonovsky, A. (1996). The salutogenic model as a theory to guide health promotion. Health Promotion International, 11(1), 11-18. https://doi.org/10.1093/heapro/11.1.11

Bandura, A. (1977). Self-efficacy: Toward a unifying theory of behavioral change. Psychological Review, 84(2), 191-215. https://doi.org/10.1037/0033-295X.84.2.191

Beck, A. T. (1976). Cognitive therapies and emotional disorders. New York: New American Library.

Bonanno, G. A. (2004). Loss, trauma, and human resilience: have we underestimated the human capacity to thrive after extremely aversive events? American Psychologist, 59(1), 20-28. https://doi.org/10.1037/0003-066X.59.1.20

Deci, E. L., & Ryan, R. M. (2000). The "what" and "why" of goal pursuits: Human needs and the self-determination of behavior. Psychological Inquiry, 11(4), 227-268. https://doi.org/10.1207/S15327965PLI1104_01

Ehlers, A., & Clark, D. M. (2000). A cognitive model of posttraumatic stress disorder. Behaviour Research and Therapy, 38(4), 319-345. https://doi.org/10.1016/S0005-7967(99)00123-0

Frankl, V. E. (1946). Man's Search for Meaning. Beacon Press.

Frankl, V. E. (1984). Man's search for meaning: An introduction to logotherapy. Simon and Schuster.

Grawe, K. (2004). Psychological therapy. Hogrefe Publishing.

Gottman, J. M., & Silver, N. (2015). The seven principles for making marriage work: A practical guide from the country's foremost relationship expert. Harmony.

Haidt, J. (2003). The moral emotions. In R. J. Davidson, K. R. Scherer, & H. H. Goldsmith (Eds.), Handbook of affective sciences (pp. 852-870). Oxford University Press.

Kabat-Zinn, J. (1994). Wherever you go, there you are: Mindfulness meditation in everyday life. Hyperion.

Kaufman, S. B. (2018). Positive psychology 101. Psychology Today.

Lomas, T. (2015). Positive cross-cultural psychology: Exploring similarity and difference in constructions and experiences of wellbeing. International Journal of Wellbeing, 5(4), 60-77. https://doi.org/10.5502/ijw.v5i4.7

Martela, F., & Steger, M. F. (2016). The three meanings of meaning in life: Distinguishing coherence, purpose, and significance. The Journal of Positive Psychology, 11(5), 531-545. https://doi.org/10.1080/17439760.2015.1137623

Maslach, C., & Leiter, M. P. (2016). Understanding the burnout experience: recent research and its implications for psychiatry. World psychiatry, 15(2), 103-111. https://doi.org/10.1002/wps.20311

Nesse, R. M. (2005). Natural selection and the regulation of defenses: A signal detection analysis of the smoke detector principle. Evolution and Human Behavior, 26(1), 88-105.

https://doi.org/10.1016/j.evolhumbehav.2004.08.002

Neff, K. D. (2011). Selbstmitgefühl: Wie wir uns mit unseren Schwächen versöhnen und uns selbst der beste Freund werden. Arbor.

Ochsner, K. N., & Gross, J. J. (2005). The cognitive control of emotion. Trends in Cognitive Sciences, 9(5), 242-249. https://doi.org/10.1016/j.tics.2005.03.010

Richardson, G. E. (2002). The metatheory of resilience and resiliency. Journal of Clinical Psychology, 58(3), 307-321. https://doi.org/10.1002/jclp.10020

Rogers, C. R. (1961). On becoming a person: A therapist's view of psychotherapy. Houghton Mifflin Harcourt.

Seligman, M. E. (1991). Learned Optimism: How to Change Your Mind and Your Life. Knopf.

Seligman, M. E. P., & Csikszentmihalyi, M. (2000). Positive psychology: An introduction. American Psychologist, 55(1), 5–14. https://doi.org/10.1037/0003-066X.55.1.5

Shepherd, D. A. (2003). Learning from business failure: Propositions of grief recovery for the self-employed. Academy of Management Review, 28(2), 318-328. https://doi.org/10.5465/amr.2003.9416377

Snyder, C. R. (2002). Hope theory: Rainbows in the mind. Psychological Inquiry, 13(4), 249-275. https://doi.org/10.1207/S15327965PLI1304_01

Southwick, S. M., Bonanno, G. A., Masten, A. S., Panter-Brick, C., & Yehuda, R. (2014). Resilience definitions, theory, and challenges: interdisciplinary perspectives. European Journal of Psychotraumatology, 5(1), 25338. https://doi.org/10.3402/ejpt.v5.25338

Stuckey, H. L., & Nobel, J. (2010). The connection between art, healing, and public health: a review of current literature. American Journal of Public Health, 100(2), 254-263. https://doi.org/10.2105/AJPH.2008.156497

Tugade, M. M., & Fredrickson, B. L. (2004). Resilient individuals use positive emotions to bounce back from negative emotional experiences. Journal of Personality and Social Psychology, 86(2), 320-333. https://doi.org/10.1037/0022-3514.86.2.320

Van der Kolk, B. A. (2014). The body keeps the score: Brain, mind, and body in the healing of trauma. Viking.

Vallerand, R. J., Blanchard, C., Mageau, G. A., Koestner, R., Ratelle, C., Léonard, M., ... & Marsolais, J. (2003). Les passions de l'ame: on obsessive and harmonious passion. Journal of Personality and Social Psychology, 85(4), 756. https://doi.org/10.1037/0022-3514.85.4.756